# ハートの声を聴いてみて

愛と輝きを取り戻すスピリチュアルの教科書

KENICHI

みらい
PUBLISHING

あなたは
宇宙のように雄大な意識そのものです

あなたは
ハートを通して
あなたの雄大な意識と繋がることができます

あなたは愛の存在です

あなたは
人に届けることができる
たくさんのギフトを生まれながらに持っている
かけがえのない存在です

あなたは無限の可能性を持っています

あなたはあなた独自の輝きを放つことができます

あなたは
輝きに満ちた
新しい自分にどんどん出会っていくことができます

愛と光に満ち溢れた
本来の自分を思い出し
無限の可能性を発揮して
最高に輝くあなたを一緒に見に行きませんか？

# はじめに

初めまして！　本を手に取ってくださりありがとうございます！　ＫＥＮＩＣＨＩです！

今、私はスピリチュアルカウンセラーとして、大好きなスピリチュアルを仕事にしていますが、昔の私は普通の会社員でした。よく人と比較をして、何かあるごとに自分を厳しくダメ出しして、自分のことが好きになれず、自信が持てず、よく思い悩んでいてネガティブな人間でした。うつ病をきっかけに、スピリチュアルと出会いました。

スピリチュアルと出会ってから、スピリチュアル能力なんて持っていないと思っていた私がスピリチュアルの感性を使うようになり、大好きなスピリチュアルの世界でスピリチュアルカウンセラーという仕事をするようになりました。クリエイティビティの欠片もないと思っていた私が、ブログや、YouTubeで自分を表現するようになりました。苦しい努力をしても目標をなかなか達成することができなかった私が、インスピレーションやシンクロニシティを受け取りながら、願いを叶えることができるようになりました。自分が好きではなかった私が、人に与えられるギフトをたくさん持っていることに気づき、自分のことが大好きになって、たくさん愛を届けるようになりました。

こうしてたくさんのことができるようになり、どんどんと新しい自分に変化していき、人生がガラリと180度変わった体験をしたのは、雄大な自分の意識と繋がり自分の無限の可能性に目醒めたからです。


私たちは頭で考え、心で感じ、体を動かすこの肉体だけでの存在ではありません。もっと雄大な意識を持った存在です。

私たちは、自分のことが好きになれなかったり、何かあるたびに自分を否定し自信が持てなかったり、自分には〝やれない　できない〟という思い込みを持っていたりします。

ただ、私たちの本来の雄大な意識は、愛に溢れていて愛してやまない意識です。〝何でもできる　何でもやれる〟という自分を信じてやまない無限の可能性を持っている意識です。私たちの正体は、愛と光そのものです。


私たちは、この雄大な意識を使って生きていくとき、与えられるギフトをたくさん持っている愛の存在であることに気づき、愛を提供していきます。私たちは自分の新しい可能性をどんどん発揮し始め、「私ってこんなことができるんだ！」と新しい自分を発見していって、自分が無限の可能性の塊であることに気づき、どんどんと新しいことに挑戦していくようになります！　どんどん変化する自分を見ていきながら、「私はこんなこともできる！」と自分に対する自信を高め、新しい自分に気づいていって、「こんな人生になるとは思っていなかった！」という奇跡のような人生を体験していくことになります！

私の体験を通して、誰もがこの雄大な意識を持った存在でハートを通して、この意識と繋がることで、自分の中に眠る無限の可能性を引き出すことができて、たくさんの愛のギフトを与えられる愛に満ちた存在であることを思い出してほしいという想いで、この本を書きました。あなたの雄大な意識と繋がり方、スピリチュアルの感性の思い出し方、愛の力の使い方、願いの叶え方、宇宙の力の使い方、あなたの無限の可能性の引き出し方を簡単にできるワークと共に紹介していきます！

この本を通して、あなたがたくさん与えられる愛のギフトを持っていて、無限の可能性を持った愛と光に満ち溢れた雄大な意識であることを思い出して、あなたの輝きを見ながら、奇跡のような人生を歩んでいき、自分の人生を見ていくことが何よりも楽しいと一緒に感じていきませんか？

目次

はじめに……4

第一章　自伝～自信がなくネガティブだった私がスピリチュアルカウンセラーになるまで

天照大御神からのメッセージ……18
☆会社員時代……22
☆うつ病になる……23
☆スピリチュアルとの出会い……24
☆スピリチュアルと離婚……26

☆180度人生が変わる体験　29
☆人は誰でも変われてもっと輝ける！　30
コラム　過去世を思い出す！　32


## 第二章　私たちは魂の存在

ハイヤーセルフからのメッセージ　36
☆自分の魂の道を自分のペースで歩いていけばいい　40
☆ハイヤーセルフと繋がると起きること　43
☆ハイヤーセルフのエネルギーとは？　48
☆ハイヤーセルフのエネルギーになろう！　49
☆ワーク～ハイヤーセルフからメッセージを受け取ろう！　52
☆ワーク～魂の目的を感じてみよう！　54
コラム　ただハイヤーセルフと繋がればいい！　56

## 第三章　あなただけのスピリチュアルの感性を楽しく伸ばそう！

大国主命からのメッセージ……60
☆あなたもスピリチュアルの感性を持っている！……63
☆スピリチュアルの感性を持っていると信じてみよう！……66
☆あなただけのスピリチュアルの感性を楽しみながら伸ばそう！……67
☆スピリチュアル能力を特別と思わない！……69
☆瞑想の薦め！……71
☆ワーク～ハートの感覚を感じて瞑想してみよう！……72
☆ネガティブな感情は手放せる！……73
☆ワーク～ネガティブな感情を手放そう！……76
☆ワーク～直感やインスピレーションを受け取ろう～自分の神殿を見つけよう！……78
☆ワーク～松果体を活性化させてビジョンを視よう！……79
☆チャネリングはたった一言から始めよう！……81

☆ワーク～ハートの感覚でチャネリングメッセージを受け取ろう！ …… 82
☆ワーク～体感してみよう！ …… 84
☆ワーク～神社に行ってスピリチュアルの感性を伸ばそう！ …… 85
☆ワーク～神社で神様からメッセージを受け取ろう！ …… 86
☆スピリチュアルの感性を使って時を取り戻そう！ …… 88
☆スピリチュアルの感性を伸ばし自信を高めるノート術 …… 88
コラム　日本の神様のエネルギー …… 93

## 第四章　愛の力を使おう！

木花咲耶姫からのメッセージ …… 98
☆すべては愛から生まれて愛で繋がっている！ …… 102
☆無条件に愛してあげよう！ …… 103
☆自分を愛するってわがままなこと？ …… 105

☆無条件の愛で自分を認めたら自分らしさが現れる！ 107
☆恐れではなく、無条件の愛を選んで、心も体も健康になろう！ 108
☆愛の力を使おう！ 110
☆あなたはかけがえのない存在 112
☆自分の持つ愛に自信を持とう！ 113
☆自己肯定感を高めて豊かになろう！ 114
☆愛のエネルギーを循環させよう！ 115
☆自分を愛するワーク～① 自分に、愛してると言ってあげよう！ 116
☆自分を愛するワーク～② 自分を抱きしめて褒めてあげよう！ 116
☆自分を愛するワーク～③ハートの声を聴いてあげよう！ 117
☆自分を愛するワーク～④自分を否定するのをやめてどんなときも認めよう！ 119
☆自分を愛するワーク～⑤好きな自分を感じよう！ 120
☆自分を愛するワーク～⑥自分の素晴らしさに感謝しよう！ 121

☆自分を愛するワーク～⑦自分が納得する生き方をしよう！ 122
☆ワーク～ワンネスの愛を感じよう！ 123
コラム　古代レムリアと縄文 126

## 第五章　願いを叶えていこう！

金龍からのメッセージ 130
☆正直な心の願いを感じてみよう！ 134
☆あなたの願いは必ず叶えられる！ 135
☆妥協しない最高の願いを感じよう！ 136
☆叶ったときの気分を感じよう！ 138
☆結果の執着を手放そう！ 139
☆願いを妨げる抵抗を手放そう！ 141
☆ワーク～抵抗やブロックを外そう！ 142

☆ワーク～願いをかけていこう！ 143
コラム　龍に願いを叶えてもらおう！ 146


## 第六章　宇宙の力を使おう！

アルクトゥルスの存在からのメッセージ 150
☆宇宙に惹かれるスターシード 154
☆あなたが持つ宇宙の可能性を発揮していこう！ 155
☆スターシードとして覚醒すると何が起きるか？ 156
☆スターシードとして覚醒するワーク～①星空を眺めよう！ 158
☆スターシードとして覚醒するワーク～②宇宙語を奏でよう！ 159
☆スターシードとして覚醒するワーク～③光の柱をたてよう！ 161
☆スターシードとして覚醒するワーク～④宇宙意識と繋がろう！ 163
☆スターシードとして覚醒するワーク～⑤自分の宇宙のルーツを感じよう！ 164

☆スターシードとして覚醒するワーク～⑥宇宙のパラレルの自分に聴いてみよう！ 165
コラム　私のUFO体験 167
コラム　あなたの出身星と特徴 169

## 第七章　あなたの無限の可能性を発揮しよう！

レディガイアからのメッセージ 176
☆自分の素晴らしさに目を向けよう！ 180
☆好きなことをやろう！ 181
☆小さなことから感じていこう！ 182
☆小さな一歩を踏み出そう！ 184
☆子供時代を思い出してみよう！ 185
☆うまくいっていることにフォーカスしよう！ 186
☆今の自分が最善で最高！ 187

☆愛と信じる心を使ってあなたの可能性を引き出していこう！……189
☆ワーク〜信じる力を高めよう！……191
☆自分らしいエネルギーを発していこう！……193
☆あなたは芸術家！……195
☆自分の可能性を広く捉えよう！……197
☆今地球で起きている次元上昇のフェスティバル！……198
☆自分という神様を思い出していこう！……199
☆見えない存在と共同創造していこう！……201
☆愛と調和に満ちた新しい地球を創造していこう！……202
おわりに……204

# 第一章

## 自伝～自信がなくネガティブだった私がスピリチュアルカウンセラーになるまで

## 天照大御神からのメッセージ

あなたはとてつもない輝きを持っています
あなたは可能性そのものです
あなたは光です

やりたい　惹かれる　こうしたい　伝えたい
あなたがあなたの心に従って生きていくとき
あなたはあなたの魂を震わせて
あなたらしい輝き
あなた独自の色の輝きを発していきます

何かに合わせて自分を押さえ込んでいくとき
あなたの輝きは弱まっていくでしょう

あなたの心に従ってあなたらしく生きるとき
あなたはどこまでもあなたの輝きを強め
その光は周りにも伝わり自分らしくある力を与え
あなたは光の連鎖を起こしていきます

人に勝るものや地位があるから
自分を信頼できるのではなく
あなたの心の声を聴いて
あなたがあなたであるとき
あなたはあなたの心を感じられる自分
行動できる自分を信頼する力を高めて
あなたが持っている本来の輝きを発揮していくでしょう

厳しい目で自分を否定せず
愛の目であなたの素晴らしさを認め
褒めていったらいいでしょう

あなたを輝かせることができるのはあなた自身です
あなたはどこまでもあなたらしくあって
あなたを輝かせることができます
あまねくあなたの光を放っていってください

私は今、スピリチュアルカウンセラーとして、人にセッションをしたり、スピリチュアルを講座で教えたり、ワークショップをしたり、YouTubeやブログを通して高次の存在から受け取ったチャネリングメッセージや気づきをシェアしていて、日々が悦びや愛で満ちています。

ただ、スピリチュアルカウンセラーをする前の私は、スピリチュアルの感性を全く使っておらず、むしろ思考をよく使って思い悩んでいて、自分のことをネガティブな人間だと思っていました。

私がどのようにスピリチュアルカウンセラーになっていったかをまずは紹介したいと思います！

## ☆会社員時代

私はスピリチュアルカウンセラーをする前は、普通の会社員をしていました。その頃の私は、よく人と比較をしては「あの人はできるなあ、それに比べて私は駄目だなあ」と自分のことを否定し、何かある度に「私はまだまだ不十分だ」と自分を厳しく責めて、自分に自信が持てない人でした。

そうした自信のなさを埋め合わせるために、一生懸命仕事に必要な知識を詰め込み、仕事の辛さを耐え抜くために走って体力をつけたり、資格を取ったり、人の評価を気にして、会社の中での地位を上げようとしていました。自分の内側に自信がないところを、外にあるもので武装して埋めようとしていました。

その頃の私は、知識やノウハウに答えを求め、人から求められている期待やこうあるべきという会社員の姿に自分を合わせていたので、自分がどうしたいのか、何がしたいのか感じることができず、あまり自分を持っていませんでした。

## ☆うつ病になる

ある朝、全く体が動かず、会社に行けない自分がいました。次の日には戻るだろうと思ったら、次の日も体が動かず、食事も喉を通らず、焦れば焦るほど元に戻ることができませんでした。初めて訪れた精神科の病院でうつ病と診断されました。

私は小さい頃からサッカーをやっていて苦しい練習に耐えて「自分は体育会系で我慢強い」と自負してきたので、まさか自分がうつ病になるとは夢にも思っていませんでした。「社会に適応できない自分は駄目だ、自分の人生が終わった」と絶望を感じました。

今から捉えてみると、コロナ禍で在宅勤務が増える中、仕事とプライベートの切り替えがうまくできず、不安の中、長時間働き続け、厳しい上司への対応などが重なったのだと思います。何よりも自分の心の声を聴かず、周りの人の期待やこうあるべきという社会人の姿に自分を合わせていて、自分がこうしたいというものを持たないまま、周りに翻弄され、何かあるたびに、いつも心の中で自分のことを否定してダメ出しをして責めていたので、心が擦り切れてしまったのだと思います。

## ☆スピリチュアルとの出会い

しばらく会社を休職して病院に通い、薬を飲んでいました。

直感的に私が感じたのは、「心の力を取り戻さないといけない」ということでした。これまで、仕事のために役立つ本を読んだり、将来の不安を打ち消すためにこうしなければと行動していましたが、将来に役立つかどうかに関係なく、少し子供の頃に戻った気持ちでただ心が惹かれるまま、興味のある本や漫画を読んだり、久しぶりにゲームをしてみました。

私がうつ病から立ち直れたのは、自分の心の力を取り戻していったからだと感じています。私はピンチに陥ると、外の人に頼ったり、外に情報を求めたりして、外側に助けを求めがちでした。ただ、直感的に自分の中からこうしたらいいと自分のハートの声を聴くようになり、自分の中に答えがあると気づいていきました。

そんなとき、たまたま手に取ったのが『アミ小さな宇宙人』という小説でした。宇宙人と出会った少年が宇宙を旅する本で、とても愛に満ちていて、地球の常識と異なる宇宙の愛の価値観が描かれていて、どこかこうした世界がフィクションではなく真理のように感じました。スピリチュアルという分野があることを初めて知り、どんどん惹かれるようになってスピリチュアルの本を読むようになりました。

最初は本を読むだけで、自分にはスピリチュアルの能力なんてないと思い込んでいました。だんだん本を読むだけではもの足りなくなって、「ヒーリングを習ってみたい」と感じました。どれを習ってよいかわからず、たまたまホームページで目に飛び込んできたレムリアンヒーリングというものに惹かれました。ただホームページに載っている受講生の写真が女性ばかりなので、男性には無理かなとホームページを閉じました。何度かホームページを閉じた後、思い切って「男性でも受けられますか？」と問い合わせをして「大歓迎です！」と先生に言われて、ヒーリングを習ったのが私のスピリチュアルに足を踏み入れたきっかけです。

最初の頃は「本当に自分からエネルギーが流れているのかな？」と、自分のことを疑っていました。この疑いを外して自分が感じることを認めていくのと比例するように、私のスピリチュアルの感性が戻ってきて「スピリチュアルは何て楽しいんだ！」とのめり込むようになりました。

ヒーリングを習ってみて、人にも提供したいと感じるようになり、初めは知っている人に無料でやってみました。そして初めてお金をもらってヒーリングを行いました。そのお金は会社員の給料と比べたら、とても小額でしたが、自分の持っているものが人に役立てられた悦びが感じられて、その帰り道の夕日の光景は、今でも忘れられず、この悦びが私のスピリチュアルの人生を歩むきっかけになっています。

## ☆スピリチュアルと離婚

私は、どんどんスピリチュアルに惹かれていき「会社員として定年まで働くよりこのスピリチュアルの世界で生きていきたい！」と強く望むようになりました。

私には、家族がいたので、そのことを奥さんに告げると大反対を受けました。私の両親も義理の両親も含めて私を引き止めにかかりました。

私の家族たちは、スピリチュアルというものを怪しいもの、根拠のないものと捉えて「騙されている。早く目を覚まして！」と私に言って、私が何か変なものを信じてしまったかのように一生懸命説得してきました。

それまで現実的で安定したお給料で家族を養っていた夫が、うつ病になって、さらによくわからないスピリチュアルというものにのめり込み、この世界で生きていくと言い出して、そんな仕事で稼いでいけるはずがないという思い込みがあり、当然の反対だったと思います。

私は、小さい頃から、周りの人の期待に応えるどちらかというと良い子のタイプでした。ただ今回は、スピリチュアルというものが心の底からやりたいことで私の生きる道だと感じられて、家族のためにこの道を諦めるという選択がどうしてもできませんでした。どうしてもやるのなら家を出てやってほしいと言われて、家族と別居してスピリチュアルの道を歩み始めました。

スピリチュアルを仕事にしながら、認めてもらって家族と共に生活するという希望を持って、何度も奥さんを説得しようとしましたが、奥さんは一緒に住むためには、この仕事を辞めることを強く望んでいました。愛する家族と一緒に暮らすため、このスピリチュアルの道を諦めるという選択をすることも何度も何度も考えました。

ただ、自分のハートで、「このスピリチュアルの道こそが、自分の魂の道である」と感じていて、その自分のハートを裏切ることができず、奥さんと折り合わず、離婚の道を選び、このスピリチュアルの道で生きていく選択をしました。

「好きな生き方をして何も悪いことをしていないのに、どうして愛する家族と離れないといけないのだろう。なぜスピリチュアルのことが理解してもらえないのだろう」と感じることもありました。

ただ魂の視点から見ると、奥さんは私の投影で「スピリチュアルを認めてくれたら愛せるのに」という私の中の条件付きの愛が「スピリチュアルをやめたら受け入れられる」という奥さんの態度にも投影されていて、どこかで「スピリチュアルをやることに対して人から受け入れられないのでは」という恐れが私の中にもあって家族の態度に現れていたのだと思います。無条件の愛を持ってお互いを認めることができたならば、スピリチュアルを行う自分のことを無条件に認めることができていたならば、また違った結果になっていたかもしれません。

思考や世間の常識で捉えると、社会人が勤まらなかった心の弱い人、スピリチュアルという道を選んで、家族と生きることができなくなってしまった残念な人で、その選択は誤っていると捉える人もいるかもしれません。

ただ、私の魂の視点から捉えると、周りに合わせて生きてきてうつ病になったことも、「自分の決めてきた道からずれているよ」という強制終了が魂からかかり、スピリチュアルの道を歩み始めたことも、すべて自分の魂が決めてきた道で、この私の経験はこれからスピリチュアルな道を志す人に伝えて役立てられることができて、私は今、自分の魂の道を歩いていると捉えています。

## ☆180度人生が変わる体験

スピリチュアルと出会ってから私の人生は180度がらりと変わっていきました！

自分を否定し、自分を好きになれず、愛なんて現実の世界では役立たないと思っていた自分が、見えない存在の愛を感じ、愛のメッセージや気づきを人に届けるようになりました。人からも感謝の声を聴くようになって、愛を届け、愛を受け取りながら、世界は愛に満ちていると感じられる自分に変わっていきました！

それまで自分にはスピリチュアル能力なんてないと思っていた私のスピリチュアルの感性が開花して、チャネリング、ヒーリング、リーディング、宇宙語、ヴォイスヒーリング、クリスタルボウルなど多くのことができるようになりました！

私にはクリエイティビティの欠片もないと思っていて、人前で話すのが苦手で、裏方に徹していた私が、YouTubeで顔を出して話し表現するようになりました！

スピリチュアルの講座を通して、多くの人の輝きや才能を引き出し、自信を深め悦ぶ笑顔を見ながら、最高の悦びを感じるようになりました！

これまで苦しく努力をしていても結果や目標になかなかたどり着けなかった私が、インスピレーションや直感、メッセージに従って行動していくことで、人とのご縁やチャンスが舞い込んできて、見えない存在の助けを受けながら、気づいたときに望みが叶っている、そんな奇跡に満ちたような人生を送るようになりました！

## ☆人は誰でも変われてもっと輝ける！

ネガティブで自信がなく、自分のことが好きではない、スピリチュアル能力のスの字もなかった私が、自分らしさを取り戻し、毎日幸せや悦びに満ちて、スピリチュアルの感性を取り戻していきました。

これは会社員をやめて、スピリチュアルカウンセラーという職業に変えたからということではなく、これまで人の期待に応え、外のこうあるべきという姿に合わせている自分から、自分がどうしたいか自分のハートの声を聴いて生きるようになったからです！ハートを通して自分の魂と繋がるようになり、自分の無限の可能性を引き出したからです！

私が変わっていった体験を通して「人は誰でも変わっていける！」と私は信じています。誰もが、魂の存在で、魂の力を発揮して、自分らしさを取り戻せば取り戻すほど、無限の可能性が自分にあることに気づき、自分らしい独自の輝きを放っていきます！

スピリチュアルと聴くと、世間では、怪しいもの、根拠のないものというイメージを抱かれることが多いですが、私は、スピリチュアルとは、自分の魂と繋がって生きることを思い出させてくれて、本来の自分の力を取り戻し、自分らしく生きる力、悦びや幸せに満ちて生きる力を与えてくれる素晴らしいものと捉えています。

ハートの声を聴いて自分の魂と繋がることで、スピリチュアルの感性が特別なものではなく、誰もが持っている感性で、取り戻すことができると感じていただき、ハートの声に従って自分らしく輝いてやりたいことをやって、存分にあなたの可能性と輝きを発して幸せに生きていくことに役立てていただけたらと思います。

## コラム　過去世を思い出す！

スピリチュアルの感性が戻ってくるに従って、だんだんと自分の過去世を思い出していきました。

古代レムリアやアトランティス時代に女性の神官として、神に祈りを捧げている姿、大海原の前にある神殿で神に踊りや歌を捧げている姿、古代エジプトの神殿で神と繋がり過去に失われた情報やメッセージを受け取っている姿、日本の神社で巫女をやっている姿、僧侶として修行している姿、南の島々でシャーマンとして生きている姿などを思い出してきました。

そうした自分を思い出すにつれて、かつてまだスピリチュアルに目醒める前に訪れたエジプトの神殿が自分の過去世に関わっていて、なぜ懐かしく時を超えたような感覚を味わっていたかがわかり、今世で訪れている神社が、過去世と関わりがある場所に行っているということが段々とわかってきました。今世で出会う人が過去世で一緒に神官をしていた仲間であったとか、自分の兄弟であることに気づくということも起きていきました。女性のドレープのような服装が素敵だと感じられるのも、それは自分が神官としてそのような格好をしていたからだと気づきました。なぜこうした精神世界に興味があって惹かれるのかがわかり、同時に人と競争するのが苦手な自分が納得できるようになってきました。

過去世を思い出すことで、自分が永遠の魂の存在であることがわかり、「人生焦る必要はなく、人と違っても自分のペースで自分の道を歩めばいいんだ！　惹かれることをやって生きていい！」という思いを強くすることができました。

この場所に行ってみたいと強く惹かれるとき、過去世と関わっていることがあります。あなたの感じた感覚を大切に訪れてみてください！

# 第二章

## 私たちは魂の存在

## ハイヤーセルフからのメッセージ

あなたは雄大な意識そのもので
無限の可能性を持っています

何ものにも縛られることのない自由な意識
宇宙のような雄大な意識
無限の可能性に溢れるパワフルな意識
それがあなたの正体です

あなたは苦しんだり我慢するために
この地上に降りてきているのではありません

体験したい目的を持って
あなたはワクワクしながらこの地上に降りてきています

あなたのやりたいことを
楽しんでやっていっていいのです
好きなことをして
あなたらしく生きていいのです
あなたの魂を思う存分に
表現していっていいのです

自分の魂の道を
ただ自分のペースで歩いていったらいいのです
あなたはあなたの魂の道を歩くために
必要なすべてを持っていて何一つ欠けていません
あなたが自分の魂の道を歩いていくとき

あなたは最高の幸せを感じ
自分であることの悦びと愛を感じながら
あなたの最高の可能性を表して生きることができるでしょう

こうしなければいけない　こう生きなければいけない
あなたが思い込んでいる制約を外していくとき

あなたはどんどんと本来の自分に戻っていって
この世界で存分にあなたを表していくことでしょう

あなたは無限の可能性と輝きを秘めた存在です

私たちは普段頭で考え、心で感じ、体を使って行動して、この肉体の意識こそ自分であると思って生きています。

ただ、私たちにはこの肉体の意識とは別に、もう一つの意識を持っています。

♡ その意識は、宇宙のように雄大です！

♡ 私の過去世も、未来世も並行世界の自分もすべての私の可能性を知っています！

♡ 源や神々、天使といった高次の存在たちとも繋がっています！

♡「私が何を体験しに地球にやってきたのか」という魂の目的をよく知っていて、私が何をやったら悦びや幸せを感じられるか、私にとって何が最高で何が最善をもたらすか、私のことを一番よく知っている意識です！

これが「ハイヤーセルフ」の意識です。イメージしづらかったら、いつも私を見守ってくれている私の魂の光だと捉えてみてください。このハイヤーセルフの意識こそ、私たちの本来の姿、高次の自分、神性の意識でこのハイヤーセルフと繋がることが何よりも大切です！　この章では、ハイヤーセルフとの繋がり方を紹介します。

## ☆自分の魂の道を自分のペースで歩いていけばいい

私たちは、もともと魂の存在で、どんなことを体験していきたいか、どんな学びを得たいかという「魂の目的」というものを決めてこの肉体に入ってきています。魂の一部が、物質世界にやってきて私たちの肉体の意識になり、非物質世界に残している意識がハイヤーセルフの意識です。

私も昔はよく「あんな風にかっこよく生まれてくれれば、あんな風に頭がいい人、運動ができる人に生まれてくれれば、もっと金持ちのお家に生まれてくれれば」とか、よく人と比較をしていましたが、この魂の目的を知っていくと、人と比較することは意味がないと思えるようになります。魂の目的が達成できるように、自分自身で自分の両親や環境、性別や特質など最善なものを決めてやってきているからです。私たちは、お金を得ること、成功すること、人から評価を得ることなどが価値があることと考え求めますが、私たちの魂は、必ずしもお金や成功すること、評価を得ることで悦びを感じるわけではないからです。

私たちは生きている中で一生懸命頑張って稼がないといけない、知識を詰め込まないといけない、社会や人に奉仕しないといけない、様々なこうあるべき、こう生きなければいけないという思い込みや信念を親や先生から教わって持っています。こうした外に合わせる生き方をしていくとき、どれだけ正しい生き方をしていても本当の自分の魂の悦びからずれていくことがあります。どれだけ恵まれて、人が羨むような生活を送っている人でも、この魂の道からずれている生き方をしているとき、充実感や悦びを感じて生きることができません。逆に、どれだけ世間からずれていようと、この魂の道に沿って歩いていくとき、私たちはこの上ない悦びや幸せを感じることができます。

人を元気にして笑顔を見るのに悦びを感じる人、人の可能性を引き出すのに悦びを感じる人、自分を表現するのに悦びを感じる人、研究するのが好きな人、作品を作り上げるのに悦びを感じる人と、人それぞれ悦びを感じるものが違います。

ただ、自分の魂の道を歩いていっていいのです！　自分の悦びを追求していいのです！　ただ自分がやりたいことをやっていいのです！　周りや外側に目的を合わせるのではなく、自分の魂の目的を追求していったとき、あなたはこの上ない悦びを感じることができます！

自分の魂の道を知ることで、あまり人のことが気にならなくなり、ただ「自分のペースで自分の道を歩けばいいんだ！　自分らしく生きていい！」と感じられるようになります！

魂の目的や使命という言葉を聴くと、「何か人に奉仕しなければいけない、社会に役立たなければいけない」と義務感のように感じるかもしれません。ただ、魂の目的は、これをやりたいとワクワクして地球にやってきているものなので、やっていて心から悦びやワクワク感、幸せを感じられることです！　私たちはこの魂の道を思い出して歩いていって、ただ自分のペースで自分らしく生きることで無上の悦びと幸せを感じることができます！

魂の目的を追いかけていくと良いことは、ハイヤーセルフからその道を進むようサポートが入ることです。悦びを感じられる活動をサポートするための学び、人の縁、チャンス、豊かさを受け取るなど、様々な面でハイヤーセルフからサポートが入り、その活動を続けていくことができる出来事が起きていきます！

思考で考えて「こんなことやって食べていけるのか、こんなことで人がやってきてくれるのか」とか色々と不安になるかもしれませんが、本当にそれがあなたの悦びであればそれをやることによって、ハイヤーセルフからその活動を続けるためのバックアップやサポートを得ることができると、私はこれまでの私の体験から実感しています。
この章の最後にある魂の道を知るワークをやってあなたの魂の道を感じてみてください！

## ☆ハイヤーセルフと繋がると起きること

### ① シンクロニシティが起きて未来が開いていく！

私が、スピリチュアルに関心を持つようになって、急にゾロ目や誕生日の数字をよく見るようになりました。時計の時刻や、たまたま見た車のナンバープレートが自分の誕生日であったり、誕生日のゾロ目であったりして、気持ち悪い位にゾロ目を見るようになりました。これこそ私のハイヤーセルフが見えない世界に興味を持ち始めた私に対して「私がついているよ！」という合図を送り始めたのです。

ゾロ目から始まったサインは、「ハイヤーセルフがついてくれているんだ」と感じ始めるとどんどんと増えていきました。隣に座った人が「この人お薦めだよ！」と先生を紹介してくれたり、神社に行ったとき龍雲が現れたり、光の柱が降りてきたりして、偶然のような不思議な出来事はどんどんと大きくなっていきました。

このように偶然のように起きる不思議な出来事を「シンクロニシティ」といいます。このシンクロニシティを起こしているのがハイヤーセルフです。ハイヤーセルフは、私たちの未来のすべての可能性、どうしたら魂から悦びを感じられるか、魂の目的をよく知っているので、直感やインスピレーション、やりたいという気持ち、心の情熱を湧き上がらせてくれて私たちを導いてくれます。この直感やインスピレーション、やりたいと言う気持ち、情熱に従うと、人との縁ややりたかったことのチャンスなど人生を大きく変えていくようなシンクロニシティが訪れます。このシンクロニシティを受け取っていくと「こんな人生になると思っていなかった！　こんな体験ができると思っていなかった！」と想像を超える人生へ未来が切り開かれていきます！

私たちが、思考で考える未来は、過去に体験してきたことや知識などから描くので、私たちが知る範囲を超えることができず、過去の挫折の体験や周りの人の失敗の体験などから「これを実現するのは難しい」という制限の意識を持っていることが多かったりします。さらに思考は、こうなってからこうなるだろうというように、知識や今までの経験から段取りや結果を描いて「これを実現するには時間がかかるだろう」と知らず知らずのうちに自分に限界をつけ制約しています。

ハイヤーセルフの意識はとても雄大な意識で、私たちが持つ様々な可能性が見えているので、そうした私たちの制限を超えた未来、「こんな人生になるとは思っていなかった！

こんな風な自分を予想していなかった！」という私たちの予想を超える最高の自分に導いてくれます！　ハイヤーセルフがもたらすこうしたシンクロニシティは、人との縁や仕事のチャンスをもたらし、私たちが頭で想定していたよりも、はるかに大きな展開や、一気に時間を飛び越えるような奇跡のように感じることが起きていきます！

ハイヤーセルフがもたらしてくれるシンクロニシティを信頼して委ねる感覚を持つと、自分が思考で考えるよりも、もっと大きな成果が出て早く願いが実現します！　なので、自分一人の力で何とかしようと力むのではなく、「ハイヤーセルフの導きに委ねてみよう、ハイヤーセルフのサポートを受けながら、二人三脚で未来を創っていこう！」と思うことで人生が開けて幸せに生きていくことができます！

## ② 新しい才能や可能性が引き出される！

ハイヤーセルフは〝やれる　できる〟と自分を信じてやまないエネルギーに満ち溢れた無限の可能性を持つ意識です。ハイヤーセルフからの導きに従って、ハートで惹かれることにチャレンジすると、私たちの中に眠る無限の可能性が引き出されて才能を開かせてくれて「自分ってこんなところがあるんだ！　自分ってこんなことができるんだ！」とどんどんと新しい自分に出会っていきます！　どんどんと自分の内側が〝やれない　できない〟

から〝やれる　できる〟に変化するにつれて、新しい自分が現実に映し出されて、自分の可能性の扉が開いていくのがわかります！

例えば、私は中学生になりたての頃、声変わりをして、音楽の時間にこれまでと同じように高い音で歌おうとしてかすれた声で歌ってしまい、先生から「変な声だなぁ」と言われてみんなから笑われたことがきっかけに、自分の声や歌うことにコンプレックスを持つようになり「人前で表現することは絶対避けたい」と思っていました。ただ、今では、宇宙語やヴォイスヒーリングに惹かれて挑戦してみたことで、それまで低く、小さな声だったのがどんどんと高く大きな声が出るように変わっていき、YouTubeで人前で宇宙語やヴォイスヒーリングを披露するように変わってしまい、今では自分の声が好きになっています。

どんどんと新しい自分と出会い、変化していき、新しい自分に気づいていく体験をしていくと、自分は可能性の塊であること、もっと自分が輝きを発することができること、押さえ込んでいるのは、ただ自分の思い込みに過ぎないということに気づいていきます！

## ③ 内面が変わっていく！

私たちは、自分を疑ったり、自分を愛することができなかったり、自分を否定しがちですが、ハイヤーセルフはそうしたエネルギーを微塵も持っていません。私が180度変わったのは、何度もこのハイヤーセルフと繋がり、ハイヤーセルフのエネルギーを感じて、そのエネルギーと共鳴していったからです。自然と自己否定や無価値感から解放され、リラックスした調和、自分を愛することができる、自分を信じることができる、悦びや楽しさに満ちている自分になることができました！

ただ、ハイヤーセルフと繋がるだけで、本来の自分を思い出すだけで、私たちは自分の内側から変わっていくことができます。私たちは内側の意識が外側の出来事を映し出して体験しているので、内側が満ちていくとより悦びや幸せに満ちた体験、自分を愛することができる体験、自分を信じられる体験をしていくことになります。

昔の私のように外で求められている生き方をして外に合わせて生きているとどうしても自分のエネルギーは弱くなります。「私は何をやりたいか、どんなことに惹かれるか、どんなことを伝えたいか」という想いや情熱、自分のハートに従って生きていくことで、自分らしいエネルギーを強く発するようになります！　ハートは、ハイヤーセルフと繋がっているからです。自分が発するエネルギーが強くなると、人に与えられるエネルギーも大きくなって、あなたが作っているものや伝える言葉にあなた独自のエネルギーが乗っかって、人が集まったり、豊かさが舞い込んだりして人生がうまくいくようになります！

## ☆ハイヤーセルフのエネルギーとは？

ハイヤーセルフとの繋がりを大切にすると人生ががらりと変わるのが感じられたでしょうか？　ハイヤーセルフのエネルギーとはどんなエネルギーでしょうか？

私が感じるハイヤーセルフのエネルギーは、

あ　愛してやまない
ひ　惹かれる
し　信じてやまない
こ　心地よい
た　楽しい
ち　調和
よ　悦び

です。私たちを地球に送り込んだハイヤーセルフは子供を愛するような眼差しで、私たちがどんなときでもどんなことをしてしまっても、私のことを愛してやまない、信じてやまない、愛と信頼に満ち溢れたたエネルギーです！

## ☆ハイヤーセルフのエネルギーになろう！

どんなことをしていくとハイヤーセルフのエネルギーと共鳴できるでしょうか？

### ① リラックスして心地よくいよう！

川が流れているとしたら、昔の私は川の上流に目標を定めて苦しく進んでいくそんな自分でした。ハイヤーセルフのエネルギーは、リラックスしていて下流に心地よく流れることで素晴らしい人生を見せてくれるそんな調和に満ちたエネルギーです。

自分なりの方法でリラックスして調和して心地よい自分を感じられることをやっていってください！　例えば、自然の中を散歩する、カフェでコーヒーを飲むなど、あなたが心地よく感じられることをやっていってください！

心地よくいることでハイヤーセルフのエネルギーと共鳴して、直感やインスピレーション、アイデアが降りてきます！　直感やインスピレーションはハイヤーセルフからの「本当の自分がそこにいるよ！」というサインです！　直感やインスピレーションに従うことで、人の縁やチャンスなどシンクロニシティが起きて未来が開けてきます！

## ②　悦び　楽しさ　ワクワクを追いかけよう！

ハイヤーセルフのエネルギーは、今にいて悦びに満ちている、楽しさやワクワクに満ちているそんなエネルギーです！

ただ今の瞬間、惹かれること、やりたいこと、これが好きと感じること、悦びを感じることをやっていってください！

やりたいことをやっていくと、ハイヤーセルフから次のやりたいことがやってきて未来が導かれていきます！　自分が悦びを感じられることがだんだんわかるようになってきます！　惹かれることにチャレンジすることで、無限の可能性や才能が引き出されます！

これをやったら、将来どうなっていくか、役に立つか、お金になるか、損得を考えると怖くなって一歩が踏み出せなくなります。ただハートで惹かれる気持ちを大切にして、小さな一歩を踏み出してみてください。悦びや次はこれをやってみたいなと感じられて、新たな導きがハイヤーセルフからやってきます！

## ③ 自分をいつも愛して信じてあげよう！

ハイヤーセルフは、どんなときも、何か失敗し、人に言ってしまったことで、自分を否定しているときでさえ、常に愛に満ちた目で私たちを見ています。魂の目的を持って地球に送り出した私たちが、たとえどんなに将来に不安を感じていても、将来を悲観していてもどんな体験をしていようと、ハイヤーセルフはあなたの人生をとても良い体験をしていると、希望に満ちた愛の眼差しで眺めています。

自己否定をし、自分に無価値感を感じるとき、嫌な気分になるのは「あなたの成長はまだまだです」と厳しい駄目だしをされているのではなく、「本当の自分とずれているよ！」というサインを、私たちの感情に送って教えてくれているのです。あなたは常に愛され、常に希望に満ちています。

今の自分を否定しないで肯定してあげてください。今の自分を認めていったら、最高最善の自分がどんどんと続いていって、もっと自分が好きになれます！

ハイヤーセルフは、私たちをどんなときも信頼しています。

ハイヤーセルフが信じてやまないエネルギーで満ちているように私たちももともと信じる力を持っています。自信がないのは、自分が〝やれない　できない〟と信じていることで、信じる力を自分が〝やれない　できない〟方向に使ってその自分を映し出しているだけです。〝やれない　できない〟ではなく、〝やれる　できる〟に信じる方向を少しだけ変えるだけで体験が変わっていきます！

## ☆ワーク～ハイヤーセルフからメッセージを受け取ろう！

ハイヤーセルフと繋がってメッセージを受け取る方法です。

ハイヤーセルフの声は、私たちのハートを通して伝わってきます！

1．目を閉じて、リラックスをしてゆっくり呼吸をしてください。
2．ハートに両手を当てて、意識をハートに向けていってください。ただただハートの感覚を感じてみてください。温かいなあ、ほっとするなぁなどハートから感じられることに意識を向けてみてください。
3．「ハートでハイヤーセルフと繋がる！」と意図してください。
4．まばゆい光の球に自分が包まれているイメージをして心地よさを感じてください。光の球の中心と自分のハートがしっかり繋がっていると意図してください。

5. 心地よさを感じられたら、ハイヤーセルフに「今私に必要なメッセージをください！」とお願いしてみてください。ハイヤーセルフは私になんて伝えてきているのかなとハートで感じてみてください。「楽しむことを大切に」と言ってくれた気がする！　などハートで瞬間的に感じられたこと、感じられたことがハイヤーセルフからのメッセージです！

## ☆ワーク〜魂の目的を感じてみよう！

ハイヤーセルフと繋がって魂の目的を感じる方法です。

1. 軽く目を閉じて呼吸をしながらリラックスしていってください。
2. 自分のハートに手を当てて、ハートに意識を向けていてください。
3. 「ハートでハイヤーセルフと繋がる！」と意図してください。
4. 自分のハートに「私は何をしに地球にやってきたのかな？」と聴いてみてください。
5. ハートで瞬間的に感じられたことがあなたの魂の目的です。

もし魂の目的を感じづらければ、「私は今何をやりたいかな？」と感じてみてください！

心で惹かれることを、やりたいことをやっていくことで自然と自分の魂の道に乗っていくことになります。やりたいという気持ち、惹かれる気持ちを通して、ハイヤーセルフは私たちを導いてくれます！

## コラム　ただハイヤーセルフと繋がればいい！

「スピリチュアルでたった一つ大切なことは何か？」と聴かれたら、

「ハイヤーセルフと繋がること！」と私は答えます。

「スピリチュアル能力を開花するにはどうしたら良いか？」と聴かれたら、

「ハイヤーセルフと繋がること！」と答えます。ハイヤーセルフが神々や高次の存在たちと繋がっていて、見えないエネルギーを感じるのもこのハイヤーセルフの感覚を使っているからです。

「ネガティブな感情を抱く自分をどうしたら変えられるか？」と聴かれたら、

「ハイヤーセルフのエネルギーを感じること！」と答えます。ハイヤーセルフはそうしたネガティブなエネルギーは微塵も持っていないからです。

「悩みがあって抜け出すためにどうしたらいいか？」と聴かれたら、

「ハイヤーセルフに聴いてみたらいい！」と答えます。ハイヤーセルフはなぜ今それが起きていてどう抜け出せばいいか知っているからです。

「幸せに生きるためにはどうしたらいいか？」と聴かれたら、

「ハイヤーセルフからやってくるハートの声に従って生きること！」と答えます。ハイヤーセルフは私たちが何に幸せや悦びを感じられるかを知っていて、ワクワクや惹かれる気持ちを通して私たちを悦びや幸せに導いてくれるからです。

「良い人生を歩むにはどうしたら良いか？」と聴かれたら、「ハイヤーセルフに委ねること！」と答えます。ハイヤーセルフが私の魂の道を知っていて、シンクロニシティを起こして最高最善の未来へと導いてくれるからです。

「あなたらしさを発揮するにはどうしたらいいか？」と聴かれたら、「ハイヤーセルフからやってくるハートの声に従って生きること！」と答えます。ハイヤーセルフは「本来のあなたはこっちだよ！」とハートの声を通して導いてくれて、それに従うだけであなたの人生は輝いていくからです！

あなたのハイヤーセルフとの繋がりを大切にしていくだけで、あなたの人生は輝きに満ちていきます！

# 第三章

# あなただけのスピリチュアルの感性を楽しく伸ばそう！

## 大国主命からのメッセージ

あなたはもともと感じる力を持っている

人を感じる力
動物や植物　木々や石とも交流する力
神々や精霊など見えない存在たちを感じる力
そうした感じ取る力が
あなたの中に自然と宿っている

あなたが内側で感じ取ったことを
信頼し認めていくとき
神々や見えない存在たちとの交流が開かれていく

そんなことは起こるわけがない
私が感じたことは気のせいだ

というあなたの疑いや思い込みが
交流をせき止める壁を自分で作っている

ただその壁を取り払い
あなたが感じたことを信頼していったらいい

あなたが感じたことは紛れもなくあなたにとっては真実だ

あなたが感じたことを絶対的に信頼していくとき
外側に答えや証拠を求める必要はなく
あなたの内側にあなたにとって最高最善の答えがあること

見えない存在との交流があり
たくさんの愛の助けを受けていることに
あなたは気づいていくだろう

あなたの心と見えない神々からの愛の助けを
信頼していったらいい

東京の人であれば、新宿の街はこんな雰囲気でこんなエネルギー、渋谷の街はこんな雰囲気でこんなエネルギーというように街のエネルギーの違いが感じられないでしょうか？

会社で上司が今日は機嫌悪そうだなぁとか、家族が何かに思い悩んでいそうということが言葉を介さずともわかることがないでしょうか？

初対面なのに、なんとなくこの人はこんな人なんじゃないかと感じることがないでしょうか？

直感や閃きが急に降りてきて、その通りに進んでみたら、良い方向に進んだ、人生が開いていったという体験はないでしょうか？

スピリチュアルの感性は、特別なものではなく、気づかぬうちにあなたも使っています。

この章ではスピリチュアルの感性を思い出して使う方法を紹介します！

## ☆あなたもスピリチュアルの感性を持っている！

すべてのものは、見えない振動、エネルギーを放っていて、この見えないエネルギーを感じることがスピリチュアルの感性です。街や土地もエネルギーを放っていて感じることができます。人もエネルギーを放っていて、その人のエネルギーを感じることができます。

動物や植物、クリスタルもエネルギーを放っていて、エネルギーを感じることができます。ハイヤーセルフや神々や天使といった見えない存在たちもエネルギーを放っていて、そのエネルギーを直感やインスピレーション、メッセージとして感じることができます。

人のエネルギー、今の流れ、未来にどんな流れがやってくるか、そうしたエネルギーを感じることをリーディングといいます。見えない高次の存在たちから流れてくるエネルギーからメッセージを受け取ることをチャネリングといいます。高次の存在たちから流れてくるエネルギーを自分を通して他の人に流していくことで、浄化し本来の自分に戻ってもらうことをヒーリングといいます。スピリチュアルの感性とは、すべてこの目に見えないエネルギーを感じることで誰もが持っています。

ただ、私たちの世界では、思考で考えること、根拠に基づいた説得力のある発言が求められているので、そうした根拠のない直感、内側で感じたことを軽視して、その感覚を使っていないだけです。

私たちは、もともと魂の存在で魂であったとき、この肉体の目も口も耳も持っていません。魂のときにはエネルギーでやりとりをしていて、私たちがエネルギーを感じるのは、とてもナチュラルなことで自然に持っている感覚です。むしろ、この目や口、耳など肉体を使っている期間の方が実は短いのです。夢を見ているとき、目を閉じて口を動かさないまま、夢の中で、しっかりと映像を視て話したり、聴いたりして交流する体験をしていないでしょうか？　そうしたとき、私たちはこの肉体から抜け出て魂の自分として別の次元の体験をしています。

なので、スピリチュアルの感性とは勉強やスポーツなど、生まれ持った肉体の能力とは違って、私たちの魂の本質が持っている誰もが持っている感性です。ただ自分が内側で感じる感覚を大切にしていって、その使い方を思い出すだけで、私たちはナチュラルにこのスピリチュアルの感性を使うことができます！

実際に私が何十人と教えてきた中で得意な能力はそれぞれ違いますが、スピリチュアルの感性を持っていないという人は誰もいませんでした。

小さな頃から、スピリチュアルの感性を持っている人を見ると、「あの人は能力を持って生まれていて、私は持っていない」と感じるかもしれません。ただそれはスピリチュアルの能力の違いではなくて、魂の目的の違いです。「小さい頃から感性を閉ざさずに存分に能力を使っていこう！」と決めている魂もいれば、「前半生で地球における社会的な生活を学ぶことに集中して、後半生でスピリチュアルの感性を開花させて、自分の才能を発揮して、地球に貢献していこう！　体験を教えていこう！」と決めている魂もいます。なので、スピリチュアルの感性は、人と比較をせずに、ただ自分のペースで楽しく伸ばせばいいのです！

### ☆スピリチュアルの感性を持っていると信じてみよう！

私たちは、よく「自信がない」と言いますが、「自信がない」というのは「〝やれないできない〟自分を信じている」ということで、実は私たちはもともと信じる力をナチュラルに持っています。私たちの本質の魂は、信じてやまないエネルギーで満ちているからです。できる自分を信じているか、できない自分を信じているかという方向性の違いです。

私たちは信じていること、思い込んでいることを、この世界に映し出して体験していま す。思い込みを映し出して、体験してさらに思い込みを強くするということを繰り返すことで、それが真実のように感じています。「自分にはスピリチュアル能力がない」という思い込みを持っていると、何も感じられないという現実を映し出し、その能力がないという思い込みを強くしていきます。ただ、それは真実ではなく、思い込みの方向性で、ほんの少しだけ信じる方向を変えて、「自分にはスピリチュアル能力がない」という思い込みを手放して「私にもスピリチュアルの感性がある！ 私にも感じられる！」と思うことで体験する現実が変わってきます！ ぜひ、「私にもスピリチュアルの感性がある！ 私にも感じられる！」と思って、この本のワークをやってみてください！

ほんの微かにでもいいので、あなたが感じたことを認めていってください！

「今日はこんなビジョンが視えた！　今日はこんな体感があった！　今日はこんな閃きを受け取った！　こんなメッセージを言ってもらえた気がした！」

気のせいと否定する代わりに、自分が感じた感覚をたとえそれがどれだけ微かな感覚であっても「私は感じられたんだ！」と絶対的に信頼してあげてください！　自分の感じたことを信頼していくとき、あなたは感じられない自分のいる世界からスピリチュアルの感性を感じられる並行世界に移っていって、体験する世界ががらりと180度変わっていきます！

## ☆あなただけのスピリチュアルの感性を楽しみながら伸ばそう！

「スピリチュアル能力」と聴くと、どんなことが思い浮かびますか？

見えないものが見える能力、見えない存在の声が聴こえる能力、自分の意識が乗っ取られてメッセージを受け取る能力とかあなたの中に特定のイメージがあるかもしれません。

ただ、私がこれまで何十人も教えてきて感じるのは、人それぞれ得意な感性が違います。神様が通ったときに、香ばしい匂いを感じる人、神様の声を聴きながら常に会話をしている人、エネルギーを感じて手や背筋が痺れるような体感を感じる人、映画のようなビジョンを視ながら、その映画の登場人物が語りかけるようにしてメッセージを受け取る人、直感のように思考に混じって閃きを得る人、ハートの感覚でメッセージを感じる人、夢の中でメッセージを受け取る人など様々です。面白いように一人一人得意な感性が異なります。私は、その人の得意な感性や輝きを見つけて、それを認めてあげて伸ばしていって、その人がだんだんとその感性に自信を深めて、自分らしく輝いて生きていくのを見るのが最高の悦びです！

なので、スピリチュアル能力とは、こういうものと思い込んだり、決めつけたりしないでください。例えば、体感で感じるのが得意な人がビジョンで視ることにこだわって、自分の体感を軽視してしまうことがあるからです。

自分の得意な感性を伸ばしていくことによって他の感性は自然と伸びてきます。私も最初は、見えない、聴こえないでただ体感があることから始まり、次にメッセージが聴こえるようになり、ビジョンも視えるようになり得意な感覚を伸ばすことで、だんだんと他の感覚も開いていきます。

スピリチュアルの感性とは、「こんなものが視えた！　こんな風に聴こえた！　こんなふうに感じられた！　こんな風に言ってくれた気がする！」とあなたの内側で感じていくことです。人と比較をしないで、自分が感じたことを大切に信頼して、自分が感じられる感覚を伸ばしていく、ただそれだけであなたのスピリチュアルの感性は開いていきます！

「今日はこんな体感があった！　こんなイメージが視えた！　私って、こんなときにこんな風に感じることができるんだ！」と楽しんで感じていき、感じられたことを気のせいと否定しないで、絶対的に信頼していくことで、あなたのスピリチュアルの感性は伸びていきます。あなた独自の感性と可能性を輝かしてこの世界で楽しんで使っていくことができます！

## ☆スピリチュアル能力を特別と思わない！

昔、『オーラの泉』と言う番組があって、江原啓之さんは、ゲストのオーラの色を視たり、その人の部屋の様子が視えたりして、私は「江原さんは特別な才能を生まれつき持っているんだなあ、逆に私はそんなものは持っていないなぁ」と思っていました。昔の私のように、江原さんは、特別な人、スピリチュアル能力を生まれつき持っている人だけが持った特別な能力と捉えると、「私にはその特別な能力がないのではないか」という疑いが生じ、人と比較をして「私の能力は低い」というような比較の意識が出てきて、スピリチュアル能力を使えない自分をこの現実に映し出していきます。

そうではなくて、ほんの微かにでも1％でも感じたことを気のせいと否定せず、「私は感じられる、スピリチュアルの感性を持っているのは当たり前！ 私はその感性を簡単に使える！」と思うことで、スピリチュアルの感性はどんどん開いていきます！「スピリチュアル能力」というと、特別な能力と捉えてしまうかもしれません。私は「スピリチュアルの感性」という言葉をよく使います。何か人と能力を比較するものではなく、ただ自分の感覚を楽しんでいくときに自然と思い出して伸びていくものです！

たくさん自分が感じたことを認めてあげてください！ たくさん自分ができたことを褒めてあげてください！ 私たちは比較する教育の中で自分に厳しい目を向けることを習慣にしています。人と比較し、まだまだだと厳しい目を向けて感じたことを気のせいと否定することによって、あなたの感性は閉じてしまいます。そうではなくて、ほんの微かにでも感じたこと、ほんの少しできたこと、ただただ自分を認めてあげて、自分を褒めてあげることであなたは認められ褒められた悦びで、あなたのスピリチュアルの感性はどんどん開いていきます！

### ☆瞑想の薦め！

魂の声や高次の存在たちの声を耳で聴くようにはっきりとした声で話してくれると期待されるかもしれません。でも、最初はとても微かな感覚で訪れます。私たちが思考でいっぱいで、悩み事をしているときには、魂の声や高次の存在たちの声はかき消されてしまいます。なので、自分の心を静かに穏やかに落ち着けることが大切です。心を静かに穏やかにするのにお薦めなのが「瞑想」です。

瞑想と聴くと、苦手意識を感じる方、退屈なものと感じる方もいらっしゃるかもしれません。私たちは常に思考し、刺激や情報を求めていて、静かに無になることには慣れていないので当然だと思います。思考し、意識を将来の不安や過去の出来事に後悔を飛ばしている状態から離れて、ただ心地よく静かな状態になって、今の瞬間に戻ってこられるのが瞑想です。この心地よい感覚こそが私たちの魂のあり方そのものです。穏やかで心地よくニュートラルでいる感覚です。ですから思考を止めなければいけない、思考している自分はうまくできていないと否定するのではなく、少々思考やイメージが浮かんでも良いので、最初は短い時間でもいいので、ただただ心地よくリラックスをしながら、今自分が感じているこ とに意識を向けていってください。瞑想が心地よく感じられるようになると「またやりたい！」と思えます。瞑想するだけで本来の魂の状態の自分に戻っていくことができます！

## ☆ワーク～ハートの感覚を感じて瞑想してみよう！

瞑想のやり方にはいくつもの方法がありますが、私がお薦めしたいのはハートの感覚を感じる瞑想です！

1．力を抜いて、リラックスして目をつむり呼吸をしていってください。

2．ハートに両手を重ねるように当てて意識をハートに向けてください。

普段私たちはよく思考で考えていて、意識が頭のところにあります。その意識をスーッとハートのところまで下げていき、ハートに意識を向け、ただハートの感覚を感じてみてください。ハートに両手を重ねるように手を当てながらやると感じやすいと思います。

3．ハートの感覚を感じていってください。

自分の意識がハートにあって、自分がハートになっているかのように、ただハートの感覚を感じてください。「温かいなあ、ほっとするなあ、心地よいなあ」そうした感覚を感じてみてください。

ただこのように自分の内側のハートの感覚を感じるだけで、普段外側に意識を向けて思考している自分から離れて、今の瞬間にいて、ハートで感じる自分に自然と戻ってくることができます！

## ☆ネガティブな感情は手放せる！

瞬時に望んだことが実現できてしまうような完全無欠な魂が、〝やれない　できない〟時間がかかる、そうした魂のときには決してできない体験をするために私という肉体に入って地球にやってきています。

完全で軽やかで自分のことを微塵も疑っていない魂がそうした〝やれない　できない〟体験をするためには、〝やれない　できない〟というエネルギーを持たないといけません。

例えるならば、プールで軽やかで浮いてしまう光の魂が、深海を見てみたくて沈むためには重りを持たないといけません。この重りこそが、私たちがよく感じるネガティブな感情の正体です。私たちの魂は、恐れや不安、自信がない無価値感、そうしたエネルギーを微塵も持っていません。重りをわざと持って降りてきました。

今こうした「ネガティブな体験は十分にしてきたな、これからは〝やれる　できる〟魂の自分に戻っていこう」という流れがやってきています。この魂の自分に戻ることを「目醒め」といいます。スピリチュアルに興味を持つ人が増えているのもこの流れのためです。この重りを外していくことで、もともとの軽やかな魂の意識に上がって戻っていくことができます。この重りを外すことを「手放し」とか「浄化」といいます。

自信がなく、よく自分を否定していてネガティブだと思っていた私が180度変わったように、ネガティブな感情は手放していくことができます。スピリチュアルに興味がある人は、スピリチュアルの感性、感じやすい感性を持っているので、周りの人が恐れや苛立っているなどネガティブな感情を抱いているのをキャッチしやすく、自分も同調してネガティブな感情を抱きやすかったりします。

そうした感性の敏感な人にとって、ネガティブな感情を手放していくことはとても大切です。手放しをしないでいると、ネガティブな感情を抱いている自分を否定し、自分のことがネガティブな人間だと思いがちですが、決してそうではなく、あなたの本来の姿は、魂そのもので光や愛に満ちています。ネガティブなエネルギーを手放していくことによって、本来の魂のエネルギーである悦びや、幸せ、楽しさ、調和、豊かさに満ちた魂のエネルギーに戻っていきます！

ネガティブな感情を抱いている自分は駄目だと否定し、ネガティブな感情を感じる体験は辛いと感じがちですが、ハイヤーセルフは、私たちに苦しみを与えているのではなく、私たちの感情を通して「本来の自分からずれているよ」と教えてくれているのです！

ネガティブな感情を抱いたときには、その感情を抱いたまま「この状況にどう対応すればいいか？」と思い悩みがちですが、その感情を手放して波動を上げることで、波動の上がった視点から「こうすれば良いんだ！」とアイデアが降りてきます。ネガティブな感情を手放して、自分の波動を上げることがとても大切です！

内側がネガティブなエネルギーに満ちていて、悩み事や考え事をしていると、うまくハイヤーセルフや高次の存在たちのメッセージを受け取ることができません。ネガティブなエネルギーを手放していくことによって、波動が上がり、ハイヤーセルフや高次の存在たちのメッセージや直感、インスピレーションが受け取りやすくなります！

## ☆ワーク～ネガティブな感情を手放そう！

ネガティブな感情を手放す方法です！

1. ハートにある恐れや不安、自己否定などネガティブなエネルギーが鉄の塊になったようにイメージしてください。
2. 自分の手が磁石になったように、鉄の塊をハートから身体の前によいしょと取り出してください。
3. 目の前に鉄の塊があるのを見て、その重さや硬さをしっかりと感じてください。
4. 目の前に紫の浄化の炎が燃えていて、その炎の中に鉄の塊を入れて、どんどん燃えていき宇宙に昇っていくイメージをしてください。
5. 昇っていったエネルギーが宇宙で浄化をされて光の粒となって降りてくるのをイメージしてください。その粒を両手を差し出して受け取ります。
6. 光の粒が、自分の手の平に集まって、光の球になっていくのをイメージしてください。
7. その光の球を自分のハートに戻します。その光の球は、調和、悦び、愛に満ちたあなたの魂のエネルギーです。そのエネルギーを感じてみてください。

8．光の球のエネルギーを取り入れて、自分の体に天使のような羽が生えるイメージをし、その光の羽で自分が天に昇っていき、一段階上がった並行世界に移動していくイメージをしてください。深呼吸をして並行世界の心地よさを感じてください。

## ☆ワーク～直感やインスピレーションを受け取ろう～自分の神殿を見つけよう！

ずっと何かについて思い悩んでいて、全くアイデアが浮かんでこなかったものが、ふっと気が緩んだときに良いアイデアが降りてきたという体験は無いでしょうか？

こうした直感やインスピレーションは、私たちのハイヤーセルフやスピリットガイドから送られてきているもので、私たちが本来の自分に戻り、次のステージへ上がるためのサインを受け取っています。こうした直感やインスピレーションは、思考で考え事をしていたり、将来を心配していたり、解決策が見つからない、どうしたらいいのかわからないと焦っているときにはかき消されて受け取ることができません。そうしたサインを見過ごしてしまいます。

むしろ、ぼーっとしている、心地よく過ごしている、調和やリラックスしている心地のときに受け取ることができます。調和やリラックスのエネルギーが、あなたの魂のエネルギーと同じエネルギーだから、共鳴して受け取りやすくなれます。

「あなたが直感やインスピレーションをよく受け取れるときってどんなときかな？　どん

な場所で受け取っているかな？」と感じてみてください。

例えば、朝起きたてにベッドでまどろんでいるとき受け取れる人、お風呂で浴槽につかってゆったりしているとき受け取れる人、シャワーを浴びているとき受け取れる人、散歩をして自然を眺めているときに受け取れる人、車の運転をしているときにふっと降りてくる人、普段は思考が働いているけれども、お酒を飲んだときに緩んでアイデアを受け取れる人、夢の中で受け止める人など様々です。

あなたのハイヤーセルフは、あなたがこうしたときに緩んでいて、直感を受け取りやすい場所やタイミングを知っているので、ここぞとばかりに閃きを降ろしてきます。あなたが直感を受け取れるあなたの神殿の場所を見つけてみてください！

## ☆ワーク〜松果体を活性化させてビジョンを視よう！

見えないエネルギーをビジョンで視ているのが脳の中心にある松果体です。

この松果体を活性化することによって、見えない存在を視たり、見えない存在からの霊的なビジョンを受け取ることができます！

松果体を活性化するワークです！

1．リラックスしてゆっくりと深呼吸します。

2．宇宙の中心の源から光が降りてきて、光のシャワーで松果体の周りの汚れが落ちて、中からクリスタルのように輝く松果体が現れるイメージをしてください。

3．源の光を吸収して、松果体がどんどんと光り輝き、大きくなっていくのをイメージしてください！

松果体は使えば使うほど活性化してきます。松果体を使ってビジョンを視るイメージングのやり方です。

1．自分の好きな果物をイメージしてみてください。

例えば、りんごをイメージして、どんなツヤかな、美味しそうかな、上から見たり、下から見たり、横から眺めたり包丁で切って口に入れてみたりしてイメージを楽しんでいってください！

2．143ページにある最高の未来の自分をビジョンで感じるワークもお薦めです。

松果体を使い活性化させながら、未来の自分にチャンネルを合わせて願いを叶えていくことができる一石二鳥のワークです！

## ☆チャネリングはたった一言から始めよう！

チャネリングと聴くとどんなイメージを持っているでしょうか？

例えば、トランス状態になって霊を自分の体に降ろすイメージを想像する人、神々からの神聖なメッセージを長い文章で降ろすイメージで捉えている人、セッションで守護霊と繋がって悩み事に対してどんどん通訳してくれると捉える人もいるかもしれません。まずはこうあるべきというイメージを一旦外してみてください。

長い文章でなくても、まずはたった一言のキーワードだけ掴むだけで立派なチャネリングです！「自分らしさ」「思いやり」「愛」、そんなふうにたった一言だけ掴むことが大切です。一言を掴んでいくことを続けていくと、自然と文章になっていきます。

はっきりと見える、はっきりと話してくれる、そんなふうにイメージをしているかもしれませんが、最初感じる感覚はとても微かな感覚で、こんなこと言ってくれた気がするという感覚から始まります。微かなので、その感覚を「気のせいかもしれない、自分で考えたかも」と否定したくなりがちですが、その感覚を信頼していくこと、「私は受け取れたんだ！」とひとつひとつ認めていてあげることで、チャネリングの感性は開かれていきます！

## ☆ワーク～ハートの感覚でチャネリングメッセージを受け取ろう！

見えないエネルギーやメッセージを感じる方法にいろんなやり方がありますが、最も簡単なハートの感覚で受け取る方法を紹介します！　やり方はとっても簡単です！

1. 心地よくリラックスをして呼吸していってください。
2. ハートに手を当ててハートの感覚を感じてみてください。
3. 次の質問に対して、ハートで瞬間的に感じたことを口に出してみてください！

♡今日何が食べたいかな？
♡どこへでも行けるとしたらどこへ行きたいかな？
♡私はこれからどうしたいかな？
♡私のエネルギーの色は何色かな？
♡私の住んでいる日本はどんなエネルギーかな？
♡ハイヤーセルフが今私にメッセージを伝えるとしたらどんなメッセージかな？

いかがでしたでしょうか？　感じることができたでしょうか？

ハートで瞬間的に感じとれたこと、これがあなたのハートの感覚です。このハートを通してあなたはハイヤーセルフや見えない存在たちと繋がることができます！　瞬間的にハートで感じたことを絶対的に信頼していってください。ハートで感じたことに対して、少し遅れて思考が「それは気のせいじゃない、それはおかしい、理由がない、それはやめておいたほうがいい」と打ち消すような声が働いてきます。最初に瞬間的に感じたハートの感覚の声を絶対的に信頼していくことで、あなたは見えない存在との繋がりを持つことができます！

このハートの感覚を使うことによって、今どうしたいか、何を食べたいか、小さな自分の気持ちを聴いていくことから始まり、自分がどう生きたいかを感じることができます！　自分がどうしたいかを感じる同じ感覚を使ってエネルギーを感じる、オーラを感じる、チャネリングメッセージを受け取ることができます！

何か二つのことで迷ったときには思考しメリットデメリットで悩む代わりに「どっちの方に私は惹かれるかな？」とハートで感じることでシンプルに選ぶことができます！

ただこのハートの感覚を使うことによって、シンプルにあなたは自分のスピリチュアルの感性を使うことができるのだということを覚えておいてください！

### ☆ワーク～体感してみよう！

私は龍神のいる神社を訪れて龍がやってくると右手がしびれる感覚を感じます。セッションをしていて、例えば、過去世に関わることなど、その人の自分の魂に関わることや魂から言葉を発していたりすると、背筋がビリビリ痺れる感覚が走ります。

私たちは見えないエネルギーをこのように体で感じることができます。いつもの体の感覚と違った感覚が訪れたときに気づいていくことで、私はこんなときにこんな体感すると知って、見えないエネルギーを体で感じることができます。

大切なのは、普段から自分の体の感覚に意識を向けて自分の体の感覚をよく知っておくことです！　そうすることで普段の体の感覚と違う感覚がわかるようになり霊的なエネルギーを感じやすくなります。特に感じやすいハートの感覚、手の平の感覚、肩の感覚を感じると、普段と違う感覚がわかりやすくなります！

## ☆ワーク～神社に行ってスピリチュアルの感性を伸ばそう！

よく日本人は無宗教だと言われます。それは信じている宗教や従っている教義、そうしたものがないからそう言われるのかもしれません。ただ、私が感じる日本人は、とても精神的でとてもスピリチュアルの感性に長けている民族と私は感じています。

例えば、人の心や空気を読む、直感に従い、すべてのものには神が宿っているという八百万《やおよろず》の神の精神を深いところで持っています。他の国では、根拠のない直感に従うことは馬鹿げたことだと捉え、人の気なんて読むことができない、言葉で伝えなければわからないというように合理的だったりします。

日本が持っている最大の文化遺産に神社があります。この神社は、古代縄文の時代から、祈りが捧げられた場所、グリッドと呼ばれる高いエネルギーの通り道が交差する場所に建てられていて、自然が溢れ、ご神気と呼ばれる高いエネルギーに満ちています。日本人が神社に赴くのが大好きな人が多いのは、この高いご神気のエネルギーを感じて、心地よくなれたり、悩みが解消されたりして見えないエネルギーを受け取っているからです。

ただ神社に行って、こうしたご神気やエネルギーを感じるだけで、スピリチュアルの感性を伸ばすことができます。神社に行って自分が心地よく感じる場所を探して、そこでゆったり過ごしてみてください。そうするだけであなたはエネルギーを感じる感性を高め、自然とエネルギーに共鳴してあなたの波動が上がっていきます！

### ☆ワーク～神社で神様からメッセージを受け取ろう！

神社で神様からメッセージを受け取る方法です！

1. まず、拝殿だと後ろの人が気になって集中できないので、本殿の横や後ろに行って神様の近くから人を気にしないでゆっくりと受け取ってください。
2. 二礼二拍手をして、「〇〇様、繋がらせてください」とお願いします。
3. 神様にご挨拶をした後、「今日はお参りさせていただきありがとうございます」と感謝を述べてください。
4. 「今私に必要なメッセージをください」とシンプルにお願いしてみてください。
5. 瞬間的に「こんなことを言ってくれた気がする」と感じたものがあなたが受け取った神様からのメッセージです。何か神聖な文章、長い文章を受け取るのではなく、たった一言のキーワードでよいので受け取ることを意識してください。

神さまのエネルギーを感じ、メッセージや直感やインスピレーションを受け取るようになると、「神々から愛のサポートを受けている！」と感じることができます！　神様のエネルギーがわかるようになって「神々が存在する！　愛のサポートを受けている！」を確信できるようになり、神々との交流がとても楽しくなります！　自分の内側で感じられたことを信頼してあげて神々との交流を楽しんでいってください！

## ☆スピリチュアルの感性を使って時を取り戻そう！

スピリチュアルの感性が開くようになると「この神社に行ったらこんなエネルギーを感じられた！　こんな体感があった！　こんな瞑想をしてみたらこんなビジョンが視えた！」など、日々新たな体感や新たな気づきに溢れてきます！

大人になるにつれてだんだんと世の中を理解するようになり、日々が単調に思え早く過ぎるように感じる世界から、スピリチュアルの感性を取り戻すと再び子供時代に戻ったかのように毎日新しい感覚や発見があって、毎日が充実してきて1日1日が再び長くなっていきます！　スピリチュアルに興味ある人が若返るのもこのせいです。内側で感じた体感を楽しんでいってください！

## ☆スピリチュアルの感性を伸ばし自信を高めるノート術

いかがでしたでしょうか？　メッセージを受け取ることができたでしょうか？

ここでメッセージを受け取ったら、受け取れたと悦んで終わらせるだけでなく、それを行動してみることが大切です。実際に行動に移すことによって、気づきや学びを得て新しい自分になっていき、自分の魂が成長することができるからです。

例えば、「愛」というメッセージを受け取って、頭の中だけで「愛って大切なんだ」と理解して終わるだけではあまり変化はありません。実際に「ハートで望んでいることを満たしてあげよう！」、「大切な人の素敵なところを口に出して褒めてみよう！」と愛の行動をとることで、自分の内側が愛に満ちる変化が起きていくことに気づいていき、あなたのあり方や生き方が愛に変わっていきます。頭でわかっているだけではなく、行動することによって本当の意味であなたのあり方や生き方として定着していきます！

この魂の成長こそが宝物で、魂の成長や気づきを得てもらうために、神様たちは、私たちにメッセージを降ろしてくれるのです！

私は昔メッセージを受け取るだけで行動にしない、ただのメッセージの受け取り屋になっていることがよくありました。そうすると、同じメッセージが何度もやってくることがありました。行動に移して気づきを得ていないので、何度も同じメッセージがやってきました。しっかりと行動に移すことによって、気づきを得て、成長をすることによって、次のメッセージがやってきます。

そうやって、見えない存在たちからのメッセージを行動に移すことによって、神々の神聖なるエネルギー、愛のエネルギーをこの地球に表して、神様と共同創造することができます。神様と共同して新しい愛のある地球を創ることに繋がります。

このスピリチュアルの感性を伸ばしながら、自分への自信を深めることができるノート術を紹介します！

1．まずノートを縦に三つに区切ってください

2．一番左の欄に受け取ったメッセージを書きます。直感やインスピレーション、閃いたこと、心からやりたいと感じたこと、惹かれることなども含めて書いてみてください

3．そして真ん中の欄には、受け取ったメッセージや直感から、今何が行動としてできるかなという具体的にできることを書いてみてください。書いた行動をどんどんとやっていってください

4．そして一番右側の欄には、行動することで得られた気づきや学び、自分の変化などを書いてみてください。この気づきが宝物となって、あなたの生きていく知恵や叡智を人に伝えられることになっていきます。

このノートをつけることで、あなたは、見えない神々と共同創造をすることができて、自分を成長させ、見えない神々との距離が近くなっていきます。何より感じられる自分、

行動できる自分に自信を持ち気づきを得て、成長した自分に自信が持てます。あなたのスピリチュアルの感性を伸ばしながら、自分を信頼できる自信がついてきます！　ぜひ試してみてください！

# ノート

| | | |
|---|---|---|
| メッセージ | できる行動 | 気づき |
| 直感 | | 学び |
| やりたいこと | | 変化 |

## コラム　日本の神様のエネルギー

私がチャネリングを通して感じる神様たちのエネルギーです。

**天照大御神**（あまてらすおおみかみ）

天照様は、私たちが内側から自分を輝かせること、やりたいことや惹かれることをやって自分らしく生きることによって、内側から自分らしい輝きを放って生きていく大切さを伝えてきます。とても日本の国のこと、日本人のことを強く思っていて、太鼓を響かせながら日本人の心に愛や力を与えているビジョンをよく視ます。

**瀬織津姫**（せおりつひめ）

今地球が次元上昇するときにおいて、私たちが持っている本来の力や、真実や本質を見抜く力を引き出して、起こっている事象の本質や真理を見つめていく、私たちの目醒めをサポートしてくれる中心の神様です。水の神さまとして、浄化の力を持っていて、私たちが目醒めていく上で、古い不要なエネルギーを浄化をして、本来の自分になっていくことを助けてくれます。

**木花咲耶姫**（このはなさくやひめ）
愛の女神で愛の大切さ、自分を愛することの大切さ、人、自然や動物との繋がりを大切にするワンネスの繋がり、そうした愛の大切さを伝えてくれます。立派な人になろうとしなくても、あなたはあなたのままで素晴らしい存在であると伝えてきます。心から美しくあることで外見も美しくなっていく、そんな愛と美の女神です。

**大国主命**（おおくにぬしのみこと）
国譲りをして霊界の神となった大国主命は、こうした霊的なことを扱うことに対しても支援してくれます。見えないエネルギー、人との縁、豊かさを運んでくれて、すべては愛の交流であることを伝えてくれる神様です。

**天之御中主神**（あめのみなかぬしのかみ）
創造の神として、宇宙の雄大さや光そのもののように感じる神様です。雄弁ではありませんが、大切なキーワードを降ろしてくれて、宇宙の真理や叡智を伝えてくれます。自分の中にある神性を呼び醒まして生きる大切さを伝えてきます。

**猿田彦大神**（さるたひこおおかみ）

迷ったときに猿田彦大神のもとに訪れると、こう進んだらいいと道を導いてくれる道開きの神様です。自分の心に従って、向かいたい道を決めて、一歩ずつ踏み出していく大切さを伝えてきます。

# 第四章

## 愛の力を使おう！

**木花咲耶姫からのメッセージ**

あなたは何かを達しなくても
何者かになろうとしなくても

あなたは
ただあなたのままで
たくさんの素晴らしさを持って
輝きを放っている愛の存在です

あなたには常に愛が流れています

ただあなたらしくあるだけで
たくさんの贈り物を周りに届けています
あなたをたくさん愛してあげてください

あなたをたくさん満たしてあげてください
あなたの素晴らしさをたくさん褒めてあげてください
あなたの花を咲かせていってください

あなたの中の無数の輝きをあなたの中に見出し
美しさと輝きであなたを溢れさせてください

あなたはあなたを愛で溢れさせることで
もっとたくさんの贈り物を周りに与えることができるでしょう

贈り物を与えることで
あなたの心はさらに愛で満ち溢れていくでしょう

あなたの溢れる愛の心は
周りの人の心をも愛で満たしていくでしょう

あなたに愛で満たされた人はその愛をまた人へと伝えていき
愛の波紋が起きていくでしょう

やがてそれは愛の世界を創ることに繋がります
あなたが望む愛の世界を創っていってください

いつもあなたを愛しています

「あなたは自分のことが大好きですか？」と聴かれたらどう答えるでしょうか？
「もちろん大好きです」と即答することができるでしょうか？　即答できる人の方が少ないかもしれません。

昔の私は、自分を愛することは重要ではなく、それよりも、自分を否定してでも、苦しみながら努力をしてスキルを磨き、どれだけ社会や人に貢献できるかが大切だと思っていて、あまり自分のことが好きではなく、いつも自分を否定していました。

スピリチュアルを学ぶようになって、今は「自分を愛すること」こそ、幸せを感じながら生きる上で最も大切だと感じています。豊かに生きる、健康に生きる、人生がうまくいくかどうかさえも、どれだけ自分のことを愛していて、どれだけ自分が素晴らしいと感じているか、どれだけ自分が受け取れる価値がある存在であると感じられるかによって決まってくると気づくようになりました。この章では、自分を愛することの大切さと自分に対する愛を高める方法を紹介していきます！

## ☆すべては愛から生まれて愛で繋がっている！

人も動物も植物も、そして見えない神々や天使といった存在でさえも、すべて一つの源から生まれています。私たちが生まれた源は愛そのものです。たった一つの源から生まれた私たちはすべての存在と繋がり合っています。これを「ワンネス」といいます。人を感じられる、動物や植物と繋がることができる、見えない存在や宇宙の存在とも繋がることができるのも、すべてワンネスで繋がっているからです。そのすべてを繋ぐ力こそが愛の力です。

「愛」というと、感情的に誰かを愛すること、惹かれることをイメージしますが、スピリチュアルにおける「愛」はもっと広いものです。私も源から生まれた存在で私の中に源の光を見出すことができます。相手の人もまた私と繋がっている存在で、その人の中に源の光を見出すことができます。すべての人が源から生まれて、それぞれ源の光の一面を放っています。「愛」とは、否定したくなる自分の中にも光を見つけて愛して認めてあげることです。許せないと感じる相手の中にもその光の輝きを見出し許して認めてあげることです。

## ☆無条件に愛してあげよう！

自分に対して「もしこんなことを達成することができたら自分を愛することができるのに、まだ達成できてない自分はまだまだ不十分だ、愛することができない」と感じることはないでしょうか？

パートナーに対して「こんなことをしてくれないなんて許せない、こうしてくれたら認められるのに、もっと愛せるのに」と感じることはないでしょうか？

私たちは、「こんなことをしてくれたら愛することができるのに」と条件付きで愛しがちです。この条件付きの愛は、逆に言うと「条件を満たしてない今の自分やパートナーは愛することができない」と言っているようなものです。

源や私たちのハイヤーセルフ、高次の存在たちは、私たちがどんなときでも、どんなことをやらかして失敗をしたとしても、私たちを愛してやまない「無条件の愛」を注いでくれています。

私たちが、自分を愛することができないとき、心が嫌な感じがするのは、「そうではないよ、あなたは愛されているよ！　いつでも素晴らしいよ！　あなたが思っているとは真実とずれているよ！」と源やハイヤーセルフが教えてくれています！　私たちの本来のあり方である「無条件の愛」とずれているから、私たちは嫌な感情を感じるのです。

今の自分がどんな状態であろうとも無条件に愛してあげてください。どんなことをやらかしてしまったとしても、自分を許してあげてください。

同じように他の人をジャッジしたり、非難したり、否定するときにいい気分はしないと思います。それは源のあり方とずれているからです。人を許せず、厳しい目を向けている人は、自分に対しても同じように厳しい目を向けています。ただどんなときもどんなことをされたとしても、自分のエネルギーがその体験を作り出し、自分が持っているエネルギーに気づかせせるために、鏡のように相手が自分を映して出しているという魂の視点で捉えてみてください。魂の視点から相手を許し、その体験を生み出した自分を許していくとき、どんな人も許すことができて、あなたは魂の「無条件の愛」のあり方に繋がることができます。この「無条件の愛」と一致をして生きることで、私たちは愛の力を発揮することができます！

## ☆自分を愛するってわがままなこと？

よく学校の道徳の時間では、「自分よりも人に親切にしなければいけない、思いやりを持たないといけない」と習ってきたり、自分を犠牲にして世界を救うようなヒーローの物語を読んだりして、愛と聴くと「自分よりも他の人に愛を与えることが大切だ」と私たちは考えます。「自分を愛する」と聴くと、ナルシストのように聴こえたり、わがままのように感じられるかもしれません。

ただ、この「自分を愛する」ことこそ、とても大切で、人生がうまくいくかどうかにも大きく関わっています。魂の自分は、無条件の愛そのもので、自分自身を大切にするあり方、自分を愛してやまないあり方は、あなたの魂のあり方そのものです。

昔の私のように、自分を愛していないと、自己肯定感が低くなり、自分は不足している、まだまだだと感じる出来事を映し出し体験していき、自分を愛することができないという思いを強くしていきます。一方、自分を愛する人、自己肯定感が高い人は、自分が大好きだと感じる出来事を映し出し、自分が大好きだという思いを強めていきます。

人に与えられる愛の大きさも自分に対する愛の大きさと比例します。

シャンパンタワーをイメージしてください。一番上にあるのがあなたのグラスです。あなたのグラスから愛の水を注いでいくと、あなたのグラスが満たされ溢れ出し、他の人のグラスに愛の水が溢れていって、すべてのグラスに愛の水がいき渡っていきます。もし、あなたのグラスに注がないで、他の人のグラスに注ごうとすると、一部の人のグラスしか満たすことができず、全体に愛の水は行き渡りません。何よりもあなたのグラスは空っぽのままでいつまでたっても満たされることはありません。

あなたがあなたらしくいて、あなたに十分な愛を注いで、あなたが満たされていくとき、あなたは自然と内側から愛のエネルギーが溢れてきて、その溢れる愛で人に愛を与えることができるのです。

あなたが心からやりたいこと、惹かれることをやって、あなたの心を満たしていくとき、人に教えられること、与えられることのギフトも増えていきます。自分を満たさずに、人のために人のためにと愛を与えていったときにあなたはどんどんと枯渇していって、与えられるものは僅かになってしまいます。自分が愛に満ちているだけで、周りの人は私から愛を感じることができて、自然と周りに溢れる愛を与えることできます！　自分を愛していくことは何よりも大切で、あなたを思いっきり愛していっていいのです！

## ☆無条件の愛で自分を認めたら自分らしさが現れる！

私はペースがゆったりとしていて、自然を眺めたりしてぼーっとしていることが好きだったりします。どちらかというと子供っぽくて、神様との繋がり、神聖さや愛というものにとても惹かれます。

今でこそ、こうした自分を解放していますが、昔の私はこうした自分を否定していました。「社会の中で生き抜いていくために、組織の中で部下を率いていくためには、ぼーっとしていてはいけない、もっとしっかりして頼りがいのある自分でいないといけない」と思っていました。こうあるべき理想の自分に合わせていて、「自然な自分のままでは駄目だ、社会ではやっていけない」と本当の自分を封印していました。

自分らしい自分に気づいていけたのは、スピリチュアルに興味を持って、自分のハートの声を聴いて生きるようになり、自分らしく生きるようになってからです。するとあまり人の目が気にならなくなり、だんだんと否定していた自分こそ自分らしい自分だと気づいてきました。本当の自分を認めて、本当の自分であることを許していったときにこれまで否定していた「子供っぽい自分、ぼーっとしている自分、ゆったとした自分もこのままで良いんだ！」と認められたときに自分らしくいられるようになりました。おっとりしていいる自分は社会ではやっていけないと否定していた部分が、今はリラックスし調和してスピリチュアルの感性に役立っています。自分でいるととても楽ですし、自分とずれていない、演じていない心地よさがあります！

今、自分が否定している自分、嫌だと思っている部分が、裏返して捉えてみると自分らしい自分、自分の素晴らしさ、輝きであることがあります。自分の嫌な部分を否定することをやめて、無条件の愛で自分を見つめて「これって裏返すと、こう捉えたら、私の素晴らしいところじゃないの、素敵なところじゃないの！」と捉えてみてください！

無条件の愛で自分を愛することによってありのままの自分で生きられるようになります！ 他の人の目を気にして周りに合わせると、ありのままの自分からどんどんずれていきます。何かに合わせた自分ではなく、自分らしい自分、心地の良い自分でいていいのです！

## ☆恐れではなく、無条件の愛を選んで、心も体も健康になろう！

「将来自分はこんなふうになってしまうのではないか」と恐れてるくとき、「自分はまだまだだ、こんな自分では駄目だ」と自分に厳しい目を向けて、自分を否定していきがちです。そうすると、厳しい心の声を聴くことになるので「私は愛されていない、受け入れられていない」と寂しさや孤独感を感じるようになります。

こうした自分への否定や恐怖といったエネルギーが溜まっていくと、心が疲弊していきます。気づかないうちに、心を傷つけています。自己否定が溜まると心の病になったり、さらに強くなると生きる力さえも奪っていくことがあります。私がうつ病になっていたのも、この自己否定を続けていったからです。

そうした自分を否定するエネルギーが溜まっていくと、肉体の症状に現れることがあります。私がヒーリングをしたクライアントの方に、内臓に怒りや悲しみ、無価値感などエネルギーを貯めていることを感じることがあり、話を聴いていくと、そうしたところに肉体の症状を持っていることがあります。


無条件の愛で、どんな自分の状態でも、今の自分が発展途上であっても、「これでいいのだ！」と自分を認めて生きてみてください！　そうすると「私は愛されている！　私には味方がいるんだ！」と信頼感があるので、心が満たされて体も健康的になっていきます！　どれだけ健康的な生活や食事を選んでいても、自分を否定する心があったならば、心や体はさいなまれていきます。自分を愛していたら、心から健康になっていきます！

私は、スピリチュアルを学び、恐れではなく愛から生きるようになってから病気知らずになりました。スピリチュアルと出会う前は、毎年のようにインフルエンザにかかるような体で、一度風邪をひくと咳が止まりませんでした。心臓や腎臓に痛みを抱え精密検査に行ったりしてあまり丈夫な体とは言えませんでした。それは、心に不安や恐れを感じ、自分を厳しく否定しながら、自分とずれて生きていたからです。スピリチュアルを知り、自分を愛することができるようになった途端、嘘のように全く病気知らずの体になり、今は風邪ひとつひかない体になりました！

## ☆愛の力を使おう！

「愛の力」と聴くと、昔の私は繊細なもの、移ろいゆくもの、この社会の現実では、あまり役立たないもの、綺麗事のように感じていました。私は、愛の力を見くびっていました。そして自分のハイヤーセルフや高次の存在たちが無償の愛でサポートしてくれるということにも気づいていませんでした。

自然の木々や花は、美しいありのままの自然の姿を見せて、私たちを癒し、ありのままの自分であっていいことを教えてくれます。ペットの動物たちは、私たちが傷ついたときに自然と寄り添ってくれて、自分のままでいいんだよと癒してくれます。そして大地の恵みは私たちに食物を与え、太陽や星々は美しい光を与えてくれ、そして見えない存在たちは、愛のサポートやエネルギーを無償で送ってくれています。こうした愛の力を私たちももともと持っています。

そうした自分の愛の力をみくびり、そして見えない存在たちの無償の愛を無視して、私たちは現実の中で頭でっかちになり「自分には力がない。愛なんて役に立たない」と愛の力をみくびり、見えない存在たちを疑います。

ただ、私たちは愛の力をもともと持っていて、愛の力を使うことで自分をどこまでも輝かすことができます！　そして私たちは、常に無償の愛のサポートを受けています。あなたが愛の力を発揮し始めていたときに、あなたの人生は180度変わっていきます！　例えば、セッションで、今、現実的な問題で苦しんでいる人が、自分のハートの声を聴いて愛の力を使い始めていったときに、その人が別人のようにものすごく輝いていくことがあります！

## ☆あなたはかけがえのない存在

私たちは「こんなことができなければ、こんなことを達成しなければ自分には価値がない」と高いハードルを掲げて自分にとても厳しい目を向けています。「何か達成していない自分、何かしていなければ、自分に価値はない」と思いこんでしまっていて、自分に対する価値を自分で下げています。

一方、周りの人のことはよく見えていて、この人は笑顔が素敵、人に声をかけて元気づけることができる、人を褒めるのが得意、思いやりに満ちている、創造性に溢れているなど、その人の素晴らしさに気づくことができます。

同じように、あなたも周りに与えることができるギフトをたくさん持っていて、知らず知らずのうちにそのギフトを届けています。何かを達成していない、何かをしていない自分は価値がないのではなく、あなたはただ存在するだけで贈れるギフトをたくさん持っています。あなたは、もともと素晴らしい愛と存在価値で溢れた存在です。

源やハイヤーセルフは、この地球上で様々な体験をして、その体験をフィードバックしてくれるあなたの存在をかけがえのない存在として常に愛や賞賛の目で眺めています。

自分を厳しい目を向けて価値がないと思い込むのをやめましょう！「私は存在するだ

けで素晴らしいんだ！」と自分の価値を認めていってください！

### ☆自分の持つ愛に自信を持とう！

私たちは、よくお金を稼いでいるかどうか、スキルが人より秀でているかどうか、人からの評価などの物差しで自分を測って「今の自分はまだまだ足りていない、欠けている、持っていない」と感じてしまい「自分に自信が持てない、自分を愛せない」と感じていることがあります。

でも、私たちの内側には、愛が既にあって「こんなことに愛を注ぎたい、自分を愛で満たしてあげたい、こんなことを人にやってあげたい」と愛に溢れています。それは、私たちの本質は無条件の愛に満ちた魂の存在だからです。

あなたは、何一つ欠けてなどいなくて、あなたが与えられる独自の愛のギフトを持っていて、ただ愛を持っていることを根拠に自分に自信を持っていいのです！　自分を愛していいのです！

## ☆自己肯定感を高めて豊かになろう！

「私はこういう人間だ、私は価値がある存在だ！」という自分に対するセルフイメージや存在価値の感じ方は、豊かさや幸せとも関係しています。

源やハイヤーセルフは、豊かさに満ちていて、源から生まれた私たちもまた本質は豊かな存在です。私たちは本来豊かなエネルギーそのものなので、豊かさのエネルギーを受け取ると許可していくとき、私たちに豊かさはとめどなく流れ込んでいます。

では本質が豊かな私たちがなぜ豊かさを受け取れていないことがあるのでしょうか？豊かさをせき止めているものは何でしょうか？

それは、ただ一つ自分に対する価値やセルフイメージです。

「私は豊かさを受け取るだけの価値がない、私は豊かさを受け取るだけのことができていない、私は豊かさを受け取るだけの生き方ができていない」と、自分に価値がないと自分や自分の生き方を否定するときに、自分自身で豊かさを受け取ることを阻んでいます。

なので、まずはそうした自分への厳しさを手放し、「私は豊かさを受け取れるだけの素晴らしい存在なんだ！　私は豊かさを受け取れる価値があるんだ！」と自分を認めてあげることが何より大切です。

そして、日ごろからハートの声を聴いて自分が納得できる生き方、自分が自分のことを肯定できるような生き方をして「自分には豊かさを受け取れる価値があるんだ！　こんな生き方をしている自分だったら豊かさを受け取ってもいい！」と自分で納得できる生き方をしていくことで、豊かさを受け取れるようになります！

「自分には価値がある！　豊かさを受け取るだけの価値がある！」と、自分の存在価値やセルフイメージを変えていくだけで、あなたはお金や人からの愛、情報やエネルギーといった豊かさを受け取ることができて自然と幸せに満ちていきます！

### ☆愛のエネルギーを循環させよう！

愛のエネルギーは循環します。

私たちが愛の気持ちから「こんなことをやってあげたい、こんなことを提供したい」という愛を表していくと、その愛のエネルギーを感じて、共鳴する人が現れあなたのやっていることに興味を持ったり参加してくれます。

あなたの放っていった愛はやがて何十倍にもなって戻ってきて感謝を感じられます！　その感謝と悦びがあなたの心の原動力になって、次の愛を生み出し、またその愛の循環が大きくなっていきます！　この愛の力こそが、あなたを動かす力となります！

**☆自分を愛するワーク～① 自分に、愛してると言ってあげよう！**

自分に対する愛を高める7つの方法を紹介します！
1．鏡を見て自分の目を見ながら、自分の名前を呼んであげて
「〇〇、愛してるよ！」

と声をかけてあげてください。あなたの名前はあなたの独自のエネルギーが込もった最高の言霊です。目はハートと繋がっています。たったこれだけで自分への愛が高まってきます！

**☆自分を愛するワーク～② 自分を抱きしめて褒めてあげよう！**

1．ハグマイセルフをして自分の手で自分のことをしっかりと抱きしめてあげてくださ

い！

2．「自分のこんなところが素晴らしい」とたくさん褒めてあげてください！

私たちは、自分に対して自分で思っている以上に厳しくダメ出しをよくしています。どんな自分も愛し励ましてくれるとても優しくて甘い女神様が、自分に降臨したように優しい言葉をかけてあげてください！

「今日こんな素晴らしい言葉をかけられたね！　こんな素晴らしいものを人に与えられて素敵だね！」と自分の素晴らしさをたくさん褒めてあげてください！

もしネガティブな感情を抱くような出来事があったとしても、自分を責めるのではなく「こんなところは素晴らしかったよ！　あなたはとてもよくやっているよ！」とそんな中でも自分の素晴らしさを褒めてあげてください！

お風呂に入っているときや、夜眠る前にやって自分の素晴らしさを感じて、愛で一日を終えることがお薦めです！

### ☆自分を愛するワーク～③ハートの声を聴いてあげよう！

皆さんは愛の力はどこにあると感じるでしょうか？

そうです。ハートのところにあります。自分のハートの声を聴くことによって、自分の愛の力が目醒めていきます！

「こんなことがしたい！　こんなことに惹かれる！　こんなことがやりたい！　こんな自分でありたい！　これが食べたい！　あそこへ行ってみたい！」というあなたのハートの声を聴いてあげてください。

ハートの声を聴いたら、それを押さえ込むのではなく、なるべくハートの声を満たしてあげてください。私たちは自分に対して厳しく、ハートの声を聴いた後、思考で考えて「今はお金がないから、昨日食べたばかりだから、やってもものにならないから」と自分のハートの声を抑えてしまいがちです。子供や甥っ子や姪っ子に対して、思いっきり望みを叶えてあげるように、自分のハートの声も自分で満たしてあげて、自分を大切に扱ってあげてください。

そんなハートの声を聴いていくとき、あなたは自然と自分の魂と繋がっていって、そして魂から溢れてくるあなたの愛の力を使うようになります！

よく自分は駄目だと否定してしまうのは、「こう生きなければいけない、こうしなければばいけない」という外にある物差しに合わせようとして、合わせられない自分を否定しているからです。自分の内にあるハートの物差しに従って生きていくことで、自己否定をすることがなくなっていきます。

魂と繋がれば繋がるほど、ハートの声を聴けば聴くほど、自分らしくなればなるほど、あなたは愛のエネルギーに満ちていきます！　あなたがやることに自然と愛のエネルギーが乗っかっていって、あなたらしい愛の振動が周りに伝わってきます！　そうするとき、あなたの愛やあなたの愛の振動に惹かれる人たちがやってきて、あなたのやりたいことをサポートしてくれる循環、あなたがやりたいことを続けていく循環が訪れます！

### ☆自分を愛するワーク～④自分を否定するのをやめてどんなときも認めよう！

自分を愛していない人、認められない人は、何かあるたびに「今の自分はまだまだだ、自分のせいでこんな出来事が起きたんだ」と自分を責め、今の自分を否定しています。今の自分の理想の自分と比べて「まだまだ足りていない、不足している、スキルが不十分だ」と厳しい目で自分を見て今の自分を否定しがちです。

1. どんなときもどんなことが起きても自分を否定しないと決めてください！

2. たとえ、今のスキルが不十分であっても、今の自分がまだまだと感じても「今の自分が最善なんだ！　これが今のベストの自分のパフォーマンスだ！」と、今の自分を認めてあげてください！　今の自分の最善でパフォーマンスをしていくとき、あなたは常に最高のパフォーマンスを発揮し続けるでしょう！　最高最善の自分を更新し続けていきましょう！

3. どれだけ自分を否定したくなるような出来事が起きたとしても「これでいいのだ！今はこれで最善なんだ！」と肯定してあげてください！

今の自分を認めていったときに、もっと認めたくなる出来事を私たちは映し出して体験していきます！　「今の自分はまだまだだ、とても人に見せられない」ではなく、「今の自分がベストなんだ！」と今の自分を認めて、今の最善の自分のパフォーマンスをどんどん表現していってください！

**☆自分を愛するワーク〜⑤好きな自分を感じよう！**

1. 「こんな自分が好きだなぁ、これをやっているときの自分が好きだなぁ」と大好きな自分を感じてみてください！　例えば、「何かに熱中している自分が好き！　ほっとしてリラックスしている自分が好き！　何かを生み出している自分が好き！　何か人に役立っている自分が好き！」と自分が好きと感じられる自分を感じてみてください！

2．これをやっているときの自分が好きと感じられることをどんどんやっていってください！

「どんな自分が好きかな」と感じてあげ、それをやる時間を増やしていくことで、あなたはどんどん自分のことが好きになることができます！

## ☆自分を愛するワーク～⑥自分の素晴らしさに感謝しよう！

人から贈り物を受け取ったり、その人の素晴らしさを感じたときにはその人に感謝すると思います。一方、自分に対してはあまり感謝を感じることは少ないのではないでしょうか？

1．笑顔、言葉、思いやり、優しさ、情報、アドバイスなど自分が与えている贈り物に気づいたとき、自分の中にある素晴らしさに気づいたとき、人に対する感謝と同じように自分に対して感謝の気持ちを贈っていってください！

私たちは、自分に厳しく、こんなことが〝やれない　できない〟と、自分にないものに目を向けがちですが、感謝を感じていくことによって、自分が持っているもの、自分にあるものに目を向けていくことができます！

2. 気づいた自分の素晴らしさをノートに書き留めていって、たまに見返して「こんなに私って素晴らしいところがあるんだ！」と自分への愛を感じてあげてください！

自分に対して感謝することで、自分の素晴らしさにもっと気づいていって、自分に対する価値を高めていってください！

### ☆自分を愛するワーク～⑦自分が納得する生き方をしよう！

自分の生き方に違和感やズレを感じたり、自分に対して納得できない生き方をしているとき、どうしても心の深いところで、自分が嫌になって自分に対する価値を下げてしまいます。

自分のハートに手を当てて、こんなふうに聴いてみてください。

「私はどんなふうに生きていきたいか？　私はどんな自分でありたいか？」

心の底から「こんな生き方がしたい！　こんなあり方の自分でいたい！」と感じられた

ら、その自分で生きていってください。自分が納得できる生き方をしていくとき、自分が好きになって、自分に対する価値を自然と上げていきます！

社会的に何をしているか、どんな仕事をしているか、どんな地位にいるか、社会的に立派な生き方をしているかどうかではなく、ただ、自分がどんな生き方がしたくて、どんな自分が自分らしくて、その自分で生きているかどうかが大切です！

自分で感じた自分らしい生き方をしてみてください。自分らしい納得した生き方をできることで、だんだんと自分が好きになって自分に対する価値を上げていきます。自分が自分のことをかっこいいと思えるような生き方、私が私のことを素敵と思えるような生き方をしていってください！

## ☆ワーク～ワンネスの愛を感じよう！

神さまや天使といった高次の存在たちはとても愛に満ちた存在です。自分を愛の状態にすることによって、より高次の存在たちと繋がりやすくなります！　見えない存在と繋がりやすくなるワンネスの愛を感じるワークです！

1. リラックスをして呼吸をしていきます。

2. 自分のハートに両手を当てて「私の魂と繋がる」と意図していってください。自分の魂から、私を愛してやまない愛のエネルギーがハートに流れ込んでくるのを感じていきます。ハートは自分の魂と繋がる場所で、自分の魂からどんどん愛が溢れ出てくる場所です。ハートに無限の愛のエネルギーが溢れてきます。

3. ハートがどんな感じがするか感じてみてください。「ほっとするなあ、温かい感じがするなあ」と感じられたら、それがあなたの愛のエネルギーです！

4. ハートの前に扉があるのをイメージして、ハートの扉が開いて、無限の愛のエネルギーが溢れ出てくるイメージをしてみてください。

5. 愛のエネルギーが自分の体を満たしていくイメージをしてください。

6. 愛のエネルギーがどんどん広がっていって、体がすっぽりと愛のエネルギーの球で包まれるイメージをしてください。愛のエネルギーをたくさん吸い込んで、自分を愛で満たしていってください。

7. さらに愛のエネルギーの球が大きくなって、あなたが住んでいる地域を包み込むくらい大きく広げていってください。

8. 愛のエネルギーの球を、日本を包み込むくらい大きく広げていってください。

9. 愛のエネルギーの球を、地球を包み込むくらい大きく広げていってください。

地球上のすべての存在と繋がっていて、すべての存在にあなたの愛を届けていくと感じていってください。

10. 愛のエネルギーの球を、宇宙のあまねく星々を包み込むまで大きく広げていってください。

宇宙のすべての存在と繋がっていて、すべての存在にあなたの愛を届けていくと感じてください。愛のエネルギーを広げながら、「自分の愛のフィールドの中にすべての存在たちがいて、すべての存在たちと繋がっていて、すべての存在に愛を送ることで自分にも愛を送っているんだ！」とワンネスの感覚を感じてみてください！

## コラム　古代レムリアと縄文

学校で習う歴史には出てきませんが、古代レムリアの時代があったと言われています。

古代レムリアは、ハートを基盤にした社会で、人々は、お互いを思いやり、愛に溢れた世界でした。

古代レムリアにおいて、たくさんの花や緑で溢れ、穏やかに生きる生き物たちに囲まれ、自然と調和し、争いや競争のない世界で、人々は愛と笑顔で満ち溢れていて楽園のような世界が広がっていました。他の人との垣根がなく、他の動物たちとも垣根がなく繋がりを感じながら生きているワンネスの世界が広がっていました。すべて繋がり合っているので、よりシンクロニシティに満ちた世界でした。争いのないとても平和と調和に満ちていて、悦びに満ちた愛の世界が広がっていました。ハワイは、レムリア時代における山のてっぺんにあたる場所で、沈んだときに残った場所と言われます。日本人がハワイを大好きなのもレムリアから転生している人が多く、自然と惹かれることが多いからです。

レムリアが沈んだときに多くの魂が日本に転生して愛溢れる縄文の文化を築いていきました。

縄文の時代には、一万四千年に渡り争いがなく、長く平和に満ちた世界が広がっていました。

これは、縄文の人々が自分と他の人の垣根がなく、相手を自分のように大切に感じるワンネスの愛を持っていたからです。縄文の人々は、エネルギーを感じる力に長けていて、自然や精霊や龍など見えない存在たちを感じて、宇宙との交流を自然に持っていました。この感じる力が、縄文人の精神的豊かさに繋がっていて、縄文式土器や土偶、イヤリングや腕輪、磐座などの巨石などに表れています。この愛と調和の精神こそ、縄文人から引き継がれた日本人に受け継がれている誇るべき特質です。私たちのすべてのものに神が宿っていると深いところで感じている八百万《やおよろず》の神の精神や見えないものを感じ、相手の気持ちを察して協調できるところ、アニメなどの想像力の豊かさなどは、この縄文の時代から受け継がれている日本人の素晴らしさだと思います！

次元上昇した後の地球は、こうしたレムリアや縄文のときのように、愛と調和に満ちた世界に戻っていくと私は感じています。それは決して、人と同化をする、人に合わせていくあり方ではなく、自分が自分らしく、好きなことをして悦びの自分で自分を大切にしながら、他の人も自分のことのように大切に感じられていて、自然と自分らしくあることが周りとの調和にも繋がっているそんなあり方です。そうしたワンネスの愛と調和が実現しているような地球にこれからなっていこうとしているように私は感じています！

# 第五章

# 願いを叶えていこう！

## 金龍からのメッセージ

願いを叶えることとは

あなたを成長させること
あなたの内面を変化させること
あなたを輝かすこと
本来の自分になっていくこと
自分をより愛せるようになること
自分をより信じられるようになること

願いを叶えていく中で
あなたはそうした体験をすることになるだろう

そうした体験がすべてあなたの魂に刻み込まれ
成長したあなたは大きく人に与えられるものが広がるだろう

あなたの心にある素直な願いを私たちに伝えたらいい
龍の背中に乗って
なりたい自分がいる世界へ運ばれる姿を想像したらいい
あなたは一人ではなく
龍や見えない存在たちのたくさんの助けを受けながら
願いを叶えるために必要な縁や機会が
あなたの目の前にもたらされ
あなたは願いを叶えていく
自分を目の当たりにするだろう

あなたはどこまでも自由で
あなたがやりたいことをやり
なりたい自分になることができる

思い描いた世界を創造することができる

願いを叶えるごとにあなたは自分への信頼を高め
やがてあなたの願いは大きくなるだろう

あなたが思い描く理想の世界を
創造していくことを楽しんだらいい

自分の変化を楽しみ
変化した自分で
愛を世界に届けていったらいい

スピリチュアルと出会う前の私は、叶えたい願いがあったときには、それを目標に掲げ、めちゃくちゃ苦しい努力をすることでその目標を達成しようとしていました。その苦しさの中で、よく目標を達成できない自分を否定したり、自分には無理なんじゃないかと疑ったりしていました。

波動やエネルギーを使うことで、もっと悦びや幸せを感じながら、楽しく願いを叶えることができます！　この波動やエネルギーを使うやり方で、私はいくつもの願いをこれまで叶えてきました！　この章では、波動やエネルギーを使って願いを叶える方法を紹介します！

## ☆正直な心の願いを感じてみよう！

今あなたの心に「こんな自分になっていきたい！　こんなことを体験していきたい！」という望みはあるでしょうか？

願いを叶えることとは、エゴを満たすこと、欲望を満たすことと感じて願いを発すること自体が良くないことだと感じて、その望みを封印している方もいるかもしれません。過去に願いが叶わなかった体験から、どうせ願いを持っても叶えられないとあきらめの気持ちから願いを封印する方もいるかもしれません。

私は願いを叶えることとは、その願いを発して、その自分になろうとするプロセスの中で、自分の中の内面やエネルギーが変わったり、やれることが増えたり、叶えようと行動する中で気づきを得たりして、自分の魂が成長を遂げること、発展を遂げること、新しい自分になっていくことだと捉えています。

なので、もし心の中にこうありたい自分やこうなりたい自分があるのであれば、願いを発して、その自分になろうとする中で、自分の魂の成長を遂げていくことは素晴らしいことだと思います。まずは望んではいけないという心の抵抗があったら外してみて、正直に自分の中にある私はこうなりたいという思いを確認してみてください!

## ☆あなたの願いは必ず叶えられる!

私たちは、すべて一つの創造主から生まれています。創造主がこの宇宙のすべてのものを生み出したように、創造主から生まれた私たちもまた、創造主としての特質を持ち、創造する力を持っています。

自分が創造する力を持っているなんて聴いたら、スピリチュアルを知る前の昔の私であれば、「そんな創造の力があればもっと自分の人生うまくいっている」と疑いを感じていました。スピリチュアルを始めたばかりの私であれば、「頭ではわかるけど体験がないので本当にそうなのかな?」と感じていた時期もありました。今の私は、「自分が創造主であり自分で自分の人生を創造する力を持っている」と感じています。

それは、望んでいた自分、やりたいことを叶えていった体験、クリエイティビティの欠片もなかった私が、ブログやYouTubeの動画、講座など、新しいものを創り出して悦びを感じる体験をして変わっていったからです。

願いを感じていったときにいつも同じ自分のイメージが浮かぶことがないでしょうか？

願いを実現した自分のイメージを感じられるということは、並行世界にそうした願いを実現している自分がいて、その自分を感じているので、私はこうなるんだというイメージを感じられるのです。逆に平行世界にない自分のイメージは感じることができません。例えば、私の場合、スピリチュアルを教えたり、話をしている自分のイメージが感じられますが、政治家をやっているような自分のイメージは感じることができません。なので、願いが叶ったイメージができるということは、望む自分は並行世界に存在していて、「あなたがそうなれる可能性、ポテンシャルを持っている！」ということなのです！必ずその自分になっていけます！

**☆妥協しない最高の願いを感じよう！**

まずは、あなたが願いを叶えた姿をイメージして感じてみてください！

願いを叶えることを現実創造と表現することもありますが、現実創造と聴くと現実的に実現可能そうな願いをイメージしてしまいがちです。私たちは、過去から、現在、そして未来へと時が続いていると捉えているので、過去の自分の失敗や挫折の体験や今置かれている状況を踏まえて、「未来はせいぜいこうだろう、これくらいの望みだったら叶えられるかもしれない」と自分に制限をかけながら、ワクワク感じられない望みを持ったり、無意識に妥協した願いをかけてしまうことがあります。

願いを発するときのポイントは、そうした自分に制限をかけて、過去や今の状況を踏まえたワクワク感じない望みを抱くのではなく、今思いつく限りの最高の願いを感じることです！　でき得る限りの高望みの願い、これ以上の自分は想像できない最高の自分を感じてみてください！　過去を切り離し、今の状況を切り離して、「今もし自分がこの体に生まれ変わって入ってきて、何でも体験できるとしたら、どんな体験したいだろうか？」と一旦生まれ変わったような真っさらな気持ちから、最高の自分を感じてみてください！

あなたがどれだけ最高の願いを発したとしても、ハイヤーセルフはあなたの最高の願いを超えてくるように願いを叶えてくれて「こんな体験ができるとは思わなかった！　こんな人生が体験できるとは思わなかった！」と感じるようになります！

## ☆叶ったときの気分を感じよう！

最高の未来の自分が視えてきたら、次にその自分にチャンネルを合わせてありありと感じていってください！

「最高の未来の自分はどんな風に過ごしているかな？　最高の未来の自分はどんな人と過ごしているかな？　最高の未来の自分はどんな気分を感じて過ごしているかな？　最高の未来の自分はそこに達するまでにどんなことをやってきたのかな？」と最高の未来の自分にチャンネルを合わせて感じていってください。

特にどんな気分や感情を味わって過ごしているか、最高の未来の自分のエネルギーを感じてみてください。「やったー！　飛び上がるほど嬉しい！　最高！　自信に満ちている！　自分を愛している！　安心している、リラックスしているなあ」など感じてみてください。

そうした感情や気分こそ、あなたが願いを叶えたいものの正体です！　その気分が味わいたくて、あなたは願いの実現を望んでいるのです。願いが叶ったときの気分をしっかりと感じることで、願いが叶った自分とエネルギーが一致して、その未来の自分になっていくことができます！

## ☆結果の執着を手放そう！

願いを発したときは、願いが叶った自分の感情を感じていたのに、願いを放ったあとに日常に戻ると波動を下げてしまいがちです。私たちは願いを発すると、それが現実に現れること、結果を出すことをとても気にします。望みが強ければ強いほど叶えたいという気持ちは当然かもしれません。ただ、この結果に執着をすると、今の現実を見て「なかなか願いが叶わないなぁ」と焦りや苛立ちを感じ、「私の願いは叶うのだろうか？　自分に願いを叶えるのは無理なのではないか？」と疑いの気持ちを感じたりします。この疑いや焦りの気持ちを出し始めたとき、願いが叶った悦びや幸せの感情からかけ離れて、より疑いを感じるような出来事や、より焦りを感じるような出来事を自分で映し出して願いが叶うことを自分で遅らせていきます。

願いは、未来のことを描くので、未来に意識が向いて、どうしたら願いを叶えることができるのかと思考しがちです。願いが叶ったときの自分の感情で今を過ごすことを大切にしてください。未来のために今を犠牲にするのではなく、最高の未来の自分で今のための今を過ごしていってください。結果を出そうと焦るのではなく、すでに願いが叶ったような余裕ある自分になって、心地よくリラックスして調和に満ちた自分で過ごしていってください！

そうやって、願いが叶った自分で心地よく過ごしていると、アイデアや直感、インスピレーションが降りてきます！　その直感やアイデアを行動していくと人の縁やチャンスなどシンクロニシティが起きてきて、そうしたチャンスを掴んでいくことで気づいたときに願いが叶っていきます！　メッセージを受け取る上で浄化が大切と第三章でお伝えしましたが、願いを叶える上でも、自分の波動を整えていくことがとても大切です！

願いが叶ったら幸せになれる、もし願いが叶わなくても私は幸せになれる、どっちも幸せ、そうした力が抜けたニュートラルな気持ちの方が、逆に願いは叶いやすくなります。この章の冒頭でもお伝えしたように願いを叶えていくことを通して、私たちは魂が成長していき、内面が変化していて、新しい自分になっていけます。結果よりも、まずは、自分の内面が願いを叶えている自分の内面になっていくことを大切にしていってください！内面が変わっていったときに、自然と外側に願いが叶った現実が映し出されていきます！

願いを発したらすぐに忘れるぐらいで、後はハイヤーセルフやガイドたちが叶えてくれるだろうとお任せぐらいの気持ちの方が、結果に執着するより早く大きく叶っていきます。気づいたときに、そういえば、この願いを発していたなと気づくときがやってきます。例えば、今こうして原稿を書きながら、昔『となりのトトロ』を見て、メイちゃんやさつきちゃんのお父さんが小説を書く仕事をしているのを見て、こんなふうに、自分のペースでものを書くような仕事をしたいという願いを発していたことを思い出しました！

## ☆願いを妨げる抵抗を手放そう！

私たちは知らず知らずのうちに「こんな自分は嫌だ、こんな現実は嫌だ、だからこうなりたい」と、今の自分や今の状況を嫌だと否定し、頑なに拒絶しながら願いを放っていることがあります。これを「抵抗」や「ブロック」といいます。

この抵抗やブロックを持っていると、その嫌な自分や嫌な状況をぎゅっと握りしめているので、より強く、その嫌だと思う現実を自分で映し出して体験します。願いを発しているのに叶わないとき、妨げている原因はこの抵抗です。前に説明した結果への執着も絶対叶えたいという思いの裏で叶えられない自分は認められないという抵抗を発していることといえます。このぎゅっと握り締めている抵抗を手放したときに、より願いは早く叶いやすくなります。

例えば、私は「お金を受け取ることはよくない」というお金に対するブロックを持っていて、「お客さまが来てくれないことは、自分に力や価値が足りていないことだ」と自分を否定していたときに、よくビジネスで苦労している現実を映し出していました。

「お客さんに価値あること、お客さまの望みに役立つことを提供して、それに見合ったものをもらうのであれば、お金を受け取ることは愛の循環として良いことだ」、「私には価値があって、私のエネルギーややりたいことに共鳴する人がお客さまとして来てくれるはず！」と抵抗が外れていったときにお客さまが来るようになり、映し出す現実も変わっていきました。

今のどんな自分も認めてあげること、今の状況を認めて抵抗を手放したときに、より軽やかに願いが叶いやすくなります！

**☆ワーク〜抵抗やブロックを外そう！**

抵抗を手放す方法です！

1．「こんな自分は嫌だ、こんな自分は認められない」と思っている自分が目の前にいるとイメージしてみてください。

2．天から源からの光のエネルギーが降りてきて、あなたを光で包み込むイメージをしてください。

3．源の光が無条件の愛で、あなたが嫌だと思っている自分をどんどん愛で包み込んで溶かしてくれて、自分に統合されていくのを感じてみてください。

**☆ワーク〜願いをかけていこう！**

自分の抵抗やブロックをなくなったと感じたら願いをかけていきましょう！

1．最高の未来の自分を感じてみてください！
過去の自分や今の状態を取り払って、生まれ変わった気持ちで容赦なくこれ以上描くことができない最高の自分をイメージしてみてください！

願いを叶えている自分は並行世界に存在していると感じて「最高の自分はどんなふうに過ごしているかな？　最高の自分はどんな人に囲まれているかな？　最高の自分はどんな服装しているかな？」とその最高の未来の自分を感じ取っていってくだ

さい！

2. 最高の未来の自分はどんな気分や感情でいるか感じてみてください！
悦び、楽しさ、心地よさ、最高、幸せなど、最高の未来の自分はどんな気分で過ごしているかなと気分をありありと感じていってください！　未来の自分チャンネルを合わせられれば合わせられるほど、あなたの願いは叶えることができます！

3. 最高の願いがあなたのハートの中で光の球になっていくのを感じて、ハートから光の球を取り出して宇宙に向かって上げていってください！

4. 宇宙に上げた後は、願いが叶ったような自分になって、心地よくリラックスして過ごしていってください！

あなたの願いが宇宙に届いていくとアイデアや、直感、インスピレーションが降りてきます！　その直感やアイデアを行動すると人の縁やチャンスなどシンクロニシティが起きてきて、気づいたときに願いが叶っていきます！

願いを叶える体験を増やしていくと、自分の内側のエネルギーが外側の現実を造ることに気づいていって、自分の内側の変化、外側の現実の変化、自分の人生の変化が楽しくなってきます！「次はこんなことやってみたいな！　こんな自分になってみたいな！

こういうふうに変わっていきたいな！」

と自分の人生をクリエイトすることが楽しくなってきます！　私も昔は映画やドラマが好きでその主人公になる擬似体験することを楽しんでいましたが、今はむしろ自分の人生が変わっていくことの方が楽しいと感じています！　楽しんであなたの創造の力を使って人生をクリエイトしていってください！

## コラム　龍に願いを叶えてもらおう！

日本の国は龍の形をしています。そして日本人には龍のことが大好きな人が多いです。それは、私たちは古代の時代から龍との繋がりを持っていて、日本が龍のエネルギーで満ちているからです。縄文時代の土器の縄目の模様は、龍のエネルギーが込められています。日本人と龍との結びつきはとても強く、私たちの深いところに龍のエネルギーが宿っています！

龍はとても愛に満ちた存在です。高次の存在たちの中でも、地球の現実的なエネルギーを操ることを得意として、私たちが願いを叶えることを悦んで支援してくれます！　私たちが、願いを叶えることを通して、自分を信頼できるようになり、愛に溢れた本来の自分に目醒めていき、願いを大きくしていき、愛溢れる地球や世界を造っていくことを願ってやまないそんな愛の存在です！

龍神のいる神社に行って、あなたの中にある正直な願いを龍に伝えて、「私はこうしていく！」と自分の道を宣言することで、龍からの支援を受けることができます！　龍は、願いに対して、人との縁ややりたいことのチャンス、閃きなどをもたらしてくれて、それを掴んでいくことによって願いを実現させてくれる、そうした奇跡を起こしてくれます！

龍には様々な色の龍がいて、それぞれ特徴を持っています！　今どんな願いを持っていてどんなエネルギーを受け取りたいかによって、「○龍よ、私のもとに来てください！」と好きな色の龍を呼んで、「私に○○のエネルギーを流してください！」とお願いしてみてください！

**金龍**

輝きに満ちる金龍は、エネルギーを拡大してくれて人に影響を及ぼしたりカリスマ性を上げてくれたり豊かさをもたらします。

**白龍**

愛に満ちた白龍は、スピリチュアル能力の覚醒　アセンションへの貢献をサポートし、人との縁をつないでくれます。

**赤龍**

情熱的な赤龍は、心の中の情熱や、思い、やりたいことに対して突き進むことをサポートしてくれます。

**青龍**

水の力を強く持つ青龍は、邪気や汚れを浄化してくれ水の力で前へ進んで実直に行動していくのを後押ししてくれます。

**黒龍**

覚醒を司る龍で、才能や潜在能力、魅力を覚醒させてくれ自分の中の思い込みを壊して、一気に人生を変える現実創造の力を持っています。

**紫龍**

宇宙龍で宇宙の繋がり　宇宙のエネルギーとの繋がりをもたらしてくれます。

**虹龍**

すべての色のエネルギーを持つ虹龍はオールマイティで才能を輝かし、次の段階へのステップアップを導いてくれます。

龍のエネルギーを受け取って、自分の中の龍のエネルギーを引き出すことで、現実で使い、本来の自分を取り戻し、願いの実現に役立てることができます！

# 第六章

## 宇宙の力を使おう！

## アルクトゥルスの存在からのメッセージ

宇宙が無限に広がり
無数の星がそれぞれの輝きを放ち
宇宙からあなたが本来持つ無限の可能性を
引き出すエネルギーが送られています

あなたは
この無限の宇宙の力と可能性
あなた独自の宇宙のルーツのエネルギーを
あなたの内側に宿していて
宇宙と共鳴しています

あなたが宇宙を意識して
宇宙と繋がっていくだけで

変えることができないものと思い込んでいた
あなたの中の制約や制限が外れていき
あなたの意識はどんどん自由になっていくでしょう

あなたは宇宙の無限のエネルギーと
宇宙のルーツのエネルギーを取り戻して
自由にこの世界にあなたのオリジナルのものを
生み出していくでしょう

他の誰かになろうとする必要はなく
あなたはあなた独自のエネルギーを持っています

あなたがあなたらしくいるとき
あなたは最もあなたのエネルギーを放っていきます

これから私たちとあなたたちとの交流が起こっていき

意識が近づいていきます

あなたもまた源から生まれ源の一面を表す存在で
私たちもまた同じ源から生まれ源の一面を表す存在です

同じ源から生まれた私たちとあなたたちは
愛という力で繋がり合っていて
愛を共通言語としてコミュニケーションができる
ファミリーです

あなたたちにいつも愛を送っています

宇宙を眺めながら、どこか懐かしく感じたり、ある星にとても惹かれると感じたことはないでしょうか？

私は、星空を眺めるのが好きで、よく星空を眺めていると「自分はこの宇宙を旅してやってきている！　宇宙に私のルーツがある！」という懐かしさを感じます。これだけ無数の星があり、エネルギーを感じることができて「この広大な宇宙の中には、まだ私たちが知らない新しいポテンシャルがたくさんある！」ように感じます。私たちが知らない新たな宇宙存在やマスターとの出会い、まだ知らない新たな叡智、情報、捉え方や生き方、まだ体験したことないような波動の高いエネルギーなど、可能性やポテンシャルがこの広

大な宇宙の中にはたくさんあると感じられます！

宇宙を眺めていると今の激動の状況を超えた先に、これから新しい展開や発展、新しい希望が待っているように感じられます！

宇宙を意識することで、地球の枠組みにとらわれない自由さ、無限の可能性が宇宙にあると感じられて、「自分が好きなように生きていいんだ！」と自分らしさを解放することができます！　この章では、宇宙の力を使ってあなたが持つ宇宙性を解放していく方法を紹介します！

## ☆宇宙に惹かれるスターシード

私たちは、永遠の魂の存在で地球にやってくる前にいろんな星を経由してやってきています。はっきりとした記憶がなくても、深いところで記憶を持っていて、宇宙というものにとても惹かれたり、懐かしさを感じることがあります。

この宇宙の感覚が強い人は、どこか地球の社会に馴染めず、何か自分の居場所が違っていた気がすることがあります。私も、小さな頃、周りの友達と馴染めなかったり、社会の中で人と競争することが苦手であったり、組織の中で上司に取り入ること、派閥争いや政治的なものに関わるのがとても苦手で、よく天然であると言われることが多く、そんな自分をよく社会の不適合者のように感じていました。それは、どこか魂の記憶の中で、そんな争いがなく、平和で愛に満ちた、自分と同じようなエネルギーの人々と悦びで生きていた宇宙の記憶を持っているからです。そうしたとき地球での生き方に馴染めず、宇宙を懐かしく感じて、早く帰りたいと感じることもあると思います。スピリチュアルに興味ある人は、こうした宇宙の記憶を持っていることが多く「スターシード」と呼ばれます。

## ☆あなたが持つ宇宙の可能性を発揮していこう!

「もっと自分はできるはず! もっと自分は力があるはず!」という思いを感じたことはないでしょうか?

宇宙にいたときの私たちは、自分が想像したこと、やりたいと思ったことが、一瞬で叶って体験できるような世界にいました。なので、その記憶や感覚がどこかに残っていて「もっと自分はできるはず! もっと自分は力があるはず!」という思いを感じられる方も多いと思います。

宇宙由来の魂であるスターシードたちは、宇宙のルーツのエネルギーや宇宙のパワフルなエネルギーを扱うことができる大きなポテンシャルを持っています！　地球でやりたいことをワクワク感じながら降り立って来ています！

ただ、エネルギーを感じやすい特質を持っているので、周りの期待に合わせてしまったり、周りのネガティブな感情を受けてしまったり、社会の仕組みに合わせられない自分を駄目だと否定してしまったりして、スターシードとしての力を発揮できていない、むしろ小さな枠の中に押さえ込んでしまっていることがあります。

スターシードとして大切なことは、地球の仕組みになじめない自分を否定することではなく、そうした制約を外して自由に宇宙の力を発揮していくことです！「地球にやってきているのは自分の意思で選んだんだ！　やりたいことを持ってワクワクしながらやってきているんだ！」ということを思い出して、存分に自分の可能性を地球上で発揮することです！

### ☆スターシードとして覚醒すると何が起きるか？

スターシードとして覚醒するとどんなことが起こるでしょうか？

① 一気に波動を上げられる！

地球上で生きていると周りに起こる出来事や人の影響などでどうしてもネガティブな感情を抱きがちです。手放しや浄化をして内側のエネルギーを徐々に変えていけますが、宇宙との繋がりを取り戻していくことで、宇宙の高い波動に共鳴して一気に波動を上げることができて、ネガティブな影響を受けづらくなります！

② 本来の力を発揮する！

スターシードたちは、いったん魂の目的を忘却するので、地球上で教え込まれた「こうしなければいけない、こう生きなければいけない」という思い込みや制約にとらわれがちです。社会における義務や仕組みにうまく合わせられない自分を否定して、力を発揮するどころか、むしろ自分をマイナスに捉えていることもあります。

宇宙と繋がり、制約から解放されるとき、スターシードとして本来の力を発揮し始めて本当にやりたかったこと、地球に降りてきた目的をやり始めます！

③ 宇宙の無限のエネルギーを使い始める！

宇宙と繋がると宇宙から無限のエネルギーが流れ込んできます。スターシードたちはその無限のパワフルなエネルギーを使って、愛を届けたり、創造性を発揮したり、無限の可能性と輝きを放って制約にとらわれることのない宇宙性、オリジナリティーを存分に発揮し始めます！　スターシードたちは、この宇宙と繋がっていくことによって、より本来の自分が解放され、自分の才能や輝きを発揮することができます！

**☆スターシードとして覚醒するワーク～①星空を眺めよう！**

スターシードとして覚醒して力を発揮する方法を紹介します！

夜空を眺めて気になる星のエネルギーを感じてみてください！　星に意識を合わせて「エネルギーを受け取る！」と意図するだけでエネルギーを受け取れます！

「月のエネルギーが気になる、金星が何故か気になる、プレアデスの星団が気になる、シリウスのまばゆい光が気になる、アルクトゥルスのオレンジの光が気になる」など、気になる星のエネルギーから懐かしさやルーツを感じてみてください！

## ☆スターシードとして覚醒するワーク～②宇宙語を奏でよう！

星から感じたエネルギーを自分なりに音で表してみてください！

信号のように感じたのであれば、信号のように音を発してください。歌のように感じたのであれば歌のように発してください。語り掛けているように感じたのであれば、語りかけるように音を発してみてください！

これが「宇宙語」です！

すべてのものは、エネルギーを放っていて、そのエネルギーを感じて、音に表していったものが宇宙語です。

宇宙語と聴くと、宇宙で話されている言語のように聴こえるかもしれないですが、決まりきった文法や単語があるのではなく、エネルギーを音の振動に表したものと捉えてみてください。この音は正しいか？　とあまり気にしないで、あなたが感じたまま音を発してみてください！

エネルギーを宇宙語に表すことで、よりエネルギーを繊細に感じることができます！

例えるならば、キャベツの新鮮さを感じるときに、キャベツから発せられるエネルギーを宇宙語にして、どのキャベツが新鮮かわかるようにエネルギーをより繊細に感じることができます。自然の山を歩くとき、心地よいエネルギーを感じるとき、自然と宇宙語が口から流れてきます。神社に行ったときにエネルギーに感じて宇宙語が出てくることで、そこに存在があることがわかったりします！　こんなふうに、宇宙語を使うと見えないエネルギーをより繊細に感じられるようになります！　私は高次の存在たちや宇宙の存在たちとチャネリングをするとき、この宇宙語を使います。よりエネルギーを簡単に感じられて、メッセージを降ろしやすいからです。

宇宙語を話すことは浄化にもなります。宇宙語を話していくだけで、内側にある不安や恐れなどネガティブなエネルギーがどんどんと自分から流れ出ていって、エネルギーが軽やかになっていきます。

私にはこんなことが〝やれない　できない〟と感じていた制約が外れていって、どんどんと自分の意識が解放されてやれることが増えていきます。

宇宙語を話すと、人にヒーリングすることができたり、宇宙の星と繋がって音楽をおろすことができたり、あなたの才能がたくさん開花していきます！

宇宙語はあなたのオリジナルの魂の表現です！　これまで宇宙語を教えてきて、全く同じ宇宙語を話す人はいなくて、皆独自の宇宙語を奏でていきます。とても早い宇宙的な言葉を発する人もいれば、とてもゆったりした歌のような宇宙語を奏でる人もいます。あなたの魂からの音を奏でてください！

ぜひ星のエネルギーを感じながら、そのエネルギーをあなたの感じたままでいいので音で表していってください。それだけで星のエネルギーが感じられて、あなたの宇宙での記憶やあなたの宇宙で持っていたパワーが戻ってきます！

## ☆スターシードとして覚醒するワーク～③光の柱をたてよう！

あなたが宇宙と大地を繋がる光の柱となることによって、宇宙の存在たちと繋がりやすくなります！

1．宇宙の中心の源から光が降りてきて、自分を通して地球の中心にいるガイアまで光が降りていくとイメージしてください。
2．今度は、地球の中心にいるガイアから上がってくる光のエネルギーが自分を通って、源まで上がっていくとイメージしてください。
3．1と2を繰り返しながら光の柱が太くなっていくのをイメージしてください。

4．次に宇宙の源から、同時に地面のガイアから、光が自分のハートに集まってきて自分のハートが輝きだし活性化していくのをイメージしてください。
光の柱のアンテナをたてることで宇宙からインスピレーション、直感、閃きやメッセージ、情報や叡智を受け取りやすくなります！

## ☆スターシードとして覚醒するワーク〜④宇宙意識と繫がろう！

瞑想をしていたら、宇宙の映像が突然視えたり、拡大する宇宙が視えてきて自分が宇宙そのものであると感じたことはないでしょうか？

自分の内側に深く入っていって、本質の自分と繫がろうとしていくと自分の中に、無限に広がる宇宙があることを感じることができます。私たちは、雄大で心地よい宇宙そのものです。これを「宇宙意識」といいます！

1．自分の内側にある宇宙を感じてイメージしてみてください。

視えてくる宇宙や星々を眺めながら、雄大さや心地よさを感じてみてください。

内なる宇宙から無限のエネルギーが自分の内側から湧き上がって、流れ込む宇宙のエネルギーを使うことで自分の宇宙性が解放されます！　この宇宙のエネルギーを使って「愛を届けたい！　こんな世界を創りたい！　こんなことを表現したい！　こんなものが創りたい！　こんな自分を表したい！」とあなた独自の表現が生まれてきます！

あなたの作ったものや、あなたの言葉に、宇宙からのエネルギーが乗り、多くの人にあなたの思いやエネルギーが届くようになり、あなたのオリジナリティーを発揮できるようになります！　ぜひスターシードとしてのあなたのポテンシャル、宇宙のルーツのエネルギーを存分に発揮してみてください！

### ☆スターシードとして覚醒するワーク～⑤自分の宇宙のルーツを感じよう！

私たちは、宇宙の転生を繰り返して地球にやってきていて、宇宙のルーツというものを持っています！　自分の宇宙のルーツを知っていくと自分の宇宙のルーツのエネルギーを呼び覚ますことができてこの地球で使っていくことができます！

自分の宇宙のルーツの星を視ていく方法です！

1．④のように雄大な宇宙を思い浮かべてください。
2．「自分のルーツの星を視ていく！」と意図してください。
3．宇宙のイメージの中で気になる星が視えてきたら、視えてきた星に降りていってください。「どんな光景でどんな宇宙人がいて、どんなことをしているかな？」と視ていってください。「こんな光景が視えた！　こんな存在がいる！」と感じられたことがあなたのルーツの星です！

私が講座で教えた生徒さんは、映像を感じながら、急に「スピカ」という響きが感じられて、ホームページで調べて、実際にスピカという星があるんだと自分のルーツを知ったことがありました。自分が感じられたことを大切にしてみてください！

## ☆スタードとして覚醒するワーク～⑥宇宙のパラレルの自分に聴いてみよう！

私たちには、プレアデスの自分、アルクトゥルスの自分、シリウスの自分など他の星にパラレルの自分がいます。この「パラレルセルフ」のエネルギーを受け取る方法です！

1. 進む方向で聞きたいことがあるとき、気になる星の自分、「例えばアルクトゥルスの自分だったらどうするかな？」と感じてみてください。
2. 「アルクトゥルスの自分だったらこう行動するだろうな！　こんなエネルギーなんだろうな！」と感じられたものを大切に行動してみてください！
3. そうすることで宇宙のエネルギーを地球に降ろしていくことができます！　例えば、勇敢なエネルギー、表現する悦びのエネルギー、ピュアに好きなことを追求する愛のエネルギーなど自分の感じ取ったエネルギーを大切にして、地球で表していくことができます！

## コラム　私のＵＦＯ体験

沖縄に訪れて、久高島に行ったとき、久高島のエネルギーの高さを感じてたくさん歩き回ったので、ホテルでゆっくり休もうと部屋にいましたが、夕方に〝外に出てごらん！〟というインスピレーションを急に受け取ったので、インスピレーションを大切にして出ていくとＵＦＯを見る体験をしました！　一見星のように輝くＵＦＯが瞬きを送ってくれて、しばらくするとスーッと動いて雲の中に入る瞬間、とても明るく美しく雲を照らして消えていきました。

すぐにチャネリングしてコンタクトをとるとアルクトゥルスの存在であることが分かりました。

アルクトゥルスの存在は、「人、動物、宇宙の存在、すべての存在を自分のことのように感じるワンネスの意識を取り戻すことが大切だよ！」と伝えてきました。

「ワンネスの意識とは、人を優先し、人に合わせて自分を失う、犠牲にする人と同じ形になっていくということではないよ、自分を大切にして自分を持って自分と一致していきながら自分を大切にするように、相手を尊重するあり方、相手との違いを認めながらも尊重して協調するあり方だよ！　あくまで自分を大切に一致しながらも相手や宇宙の流れも感じていて、それぞれ自分が選んでいくことが相手と協調して宇宙の流れにも沿っているようなあり方だよ！」と伝えてきました。

「恐れのエネルギーを内側に抱いているとき、自分と違うものに対抗心が湧き、宇宙存在を受け入れられず、ファイティングポーズを取ってしまい、宇宙存在は降りられない。恐れを手放して、ワンネスの意識と愛の度合いを高めていくとき、個人レベルでコンタクトが起きていき、そうした人々が増えていくとき、やがて地球レベルでのコンタクトに繋がるんだよ！」と伝えてきました。

ＵＦＯを見ることで、宇宙存在が地球の愛と波動を絶えず見守っていて、これからより宇宙とのコンタクトが起きていくということを実感できました！

他にも、例えば三峰神社の奥宮であったり、諏訪湖であったり、自然豊かな場所に行ったときによくＵＦＯを見たり、写真に写っていることがあります。私はよく、宇宙の存在からヒーリングエネルギーを流してもらったり、チャネリングでメッセージを受け取っているので、宇宙の存在は遠い存在ではなく身近な存在と感じています！

古代の文明や神話の中に、宇宙との繋がりが見られるように、宇宙の存在たちは、私たちの人間の進化に深く関わっていて、子供が独り立ちできるように見守ってくれている、人類の意識の進化をサポートしてくれている愛の存在だと感じています！

## コラム　あなたの出身星と特徴

宇宙には私たちの次元上昇をサポートしてくれる愛に満ちた宇宙ファミリーがいます！　それぞれ姿が違っていたり、特質も違っていたりしますが、共通の要素として皆愛に溢れています！　宇宙の存在たちもまた源から生まれていて、私たちと愛のエネルギーで繋がっている兄弟のような存在です！

あなたが「この星の響きになぜか惹かれる！　この星がなんとなく好きだな！」と惹かれるとき、あなたは間違いなくその星と縁があります！　「この星も気になるけれどもこっちの星も気になる、どっちだろう？」と感じるとき、私たちはいくつかの星を経由しているので、一つだけではなく、あなたは両方に縁を持っています！

私がこれまでチャネリングしたり、ビジョンを通して感じる宇宙ファミリーの星のエネルギーや特質です！

**☆アルクトゥルス**

アルクトゥルスはとても愛に満ちたエネルギーです。

私たちの要請に応じて愛のヒーリングのエネルギーを流してくれたり、愛を提供すること、愛の世界を造っていくことこそが自分たちの悦びであるという慈愛や無償の愛の精神で満ちています。どんな存在も来るものを拒まない、そうした深い度量の愛を持っていて、愛そのものの存在のように私は感じています。

次元もかなり高く、天の川銀河全体を見守っている、平和に保つような役割を持っています。ヒーリング能力に長けていて、愛と光に満ちた部屋のような場所があり、そうした場所からヒーリングのエネルギーを送ってくれたり、真っ白に光り輝く海のような場所で癒しが感じられたりして、愛と光に満ちた強力なパワースポットのような場所があります。スピリチュアルで、ヒーリングを行っている人たちはアルクトゥルスとの繋がりを持っていることが多いです。医療関係や看護師をしている人にも、アルクトゥルスの繋がりを持つ人が多いです。

芸術にとても長けていて、芸術の神と言われるほど、創造性や表現を得意として、芸術や創造的な活動をしている人をサポートしてくれます。音楽や映画、ファッション、芸能界など、芸術活動に携わっている人が多いです。あまり常識や制限にとらわれることなく、自由な発想から生み出すのを得意とします。

**☆シリウス**

とても陽気でユーモアに溢れていてコミュニケーションをよく図ります。

シリウスはとても美しい星で、美しい自然に溢れ、特に水が豊かにあります。ヒューマノイド以外にも、ライオンや猫のような種族、イルカやクジラのような種族、龍のような種族など、ヒューマノイド以外のたくさんの存在たちがいます。ライオンの頭を持つエジプトのセクメト神は典型的なシリウスの存在の姿です！　地球のように人と動物と分けられている感じではなくて、どんな種族も対等で分け隔てなくコミュニケーションをとっていて、繋がりを感じながら生きている、ワンネスが実現している世界でとても温かい愛に溢れた存在たちと私は感じています。

シリウス人は、探究心に溢れていて、宇宙の星々の情報、自然、テクノロジー、建築、数学などいろんなことを探求しています！　外見や考え方や見方が違うことに対して拒絶したり、排除するのではなく、違うことから新しい見方や捉え方を学ぶことができる、違った視点を得ることができるという捉え方をしていて、違うことから自分たちの視野を広げていくことを大切にしています。何かにめり込んで探求をしたり、情報を集めるのが好きな人は、このシリウスのエネルギーが入っています。

没頭して、のめり込むような芸術的なセンスも持っています。

シリウスと縁のある人は、水との繋がりが深く、水に触れているときにインスピレーションが降りてきたり、良いアイデアが閃きやすいことがあります！　きれいな水をたくさん飲んだり、海や川に行って、きれいな水に触れると情報やメッセージを受け取ることができます！

### ☆プレアデス

プレアデスは、地球が進化したような星です。遺伝子もとても近く、とても美しい姿をしています。五次元で物質的な部分も残っていて、地球がこれから目指していく理想の星のように感じます！　地球に転生する前に、プレアデスで学んでからやってくる人が多いので、プレアデスに縁を感じる人はとても多いと思います。

プレアデス人は、とても優しくて、子供のような楽しさや無邪気さで満ちています！　何より楽しく感じられるのは、皆が自分の好きなことをして楽しく過ごしていることです！　同じことに惹かれる人たちが集まって、それを表現しあうことで共鳴を感じています！　例えば、音楽を表現しあったり、絵を一緒に描いていたり、ダンスを一緒にしたり、チャネリングをして他の星々と交流してメッセージを降ろしあったりしています！　それぞれに自分がやりたいこと、やりたいことのやり方を表現しあって、エネルギーを高め合っている、集まって、好きなことをやっているとても楽しいエネルギーで満ちています！

### ☆アンドロメダ

愛に満ちて光を放っていて、天使のような存在たちです。自分に対して、絶対的な信頼に満ちていて、圧倒的な輝きを放っていて、愛と光に満ち溢れたとてもパワフルな存在です！　とてもカリスマ性に満ちていて、とても魅力的です！

自由奔放なエネルギーを持ち合わせていて、アンドロメダのエネルギーを持つ人は、自由に旅することと、冒険することを好むようなところがあります！

創造性にも溢れていて、芸術や彫刻を楽しんでいます。自然をキャンバスにして、美しいデザインを投影したり、とてもダイナミックな魂からの壮大な表現を生み出しています！　自分の魂、これが自分だというものを思いっきり表現することの大切さを伝えてきます！　そうすることで私たちは自分であることの悦びを感じて生きることができると伝えてきます！

アンドロメダ銀河というと、私たちの天の川銀河とは別の銀河なので、とても遠い存在のように感じるかもしれませんが、宇宙連合に参加していたり、この地球のアセンションをサポートしてくれていて、多くのアンドロメダの出身の人たちが地球に転生してきています。遠いようでとても近い愛に溢れた存在です！

### ☆ベガ

ベガの星は、スピリチュアル天国のような場所のように私は感じています！　ベガの人たちは、スピリチュアルを探求していて、瞑想に取り組んでいたり、魔法のようなことを探求していたり、自分の波動を上げることをよくしています。とても探究心に溢れていて、自分の内面と向き合うようなエネルギーを持っています。魔法のグッズのショップがあって、身に付けるとスピリチュアルのビジョンや体感が得られたり、ダウンロードできるような瞑想やエネルギーワークを手助けするようなグッズがあったりして楽しいです！

地球に来ているスピリチュアルの叡智、テクニック、ツール、宗教的なルーツもこのベガから来ているものが多く、自分の内面を探求するのが好きな人は、このベガのエネルギーを持っていることが多いです！

そうした、スピリチュアルを探求するような環境や技術が揃ったスピリチュアル天国のような場所がベガです！

# 第七章

## あなたの無限の可能性を発揮しよう！

## レディガイアからのメッセージ

今地球が次元上昇して
新しい地球へと生まれ変わろうとしています

その中で新しい地球にそぐわない
古い体制や価値観　古いエネルギーなど
変化が必要となるものがあぶり出され
愛と調和に満ちたより良い地球に
新しく生まれ変わろうとしている
そうしたときを迎えています

そう聴くと
あなたは壮大なことのように感じて私に何ができるだろうか？
と感じるかもしれません

ただあなたもまた同じように
エネルギーの上昇を感じて
古い自分のあり方から新しいあなたへ
生まれ変わろうとしているのです

あなたの中で不要なもの　古い捉え方を手放していき
新しい愛や調和に満ちたあり方で
あなたを輝かせて生きていくとき

あなたが愛と調和の心から生み出していった表現や言葉は
人の心を変える力となるでしょう

あなたの心に従って行動することが
この地球に愛や調和をもたらすでしょう

あなたの小さな一歩が

この地球を変えていく力を与えていくのです
あなたの光がこの地球を照らす光となるのです

小さな電球も広い部屋を隅々まで照らす光と
なり得ることを知ってください

あなたが愛と光を強めるほど
あなたは地球に大きな愛をもたらし
この地球に光を届けることができるのです
新しい愛と調和に溢れる地球
を創っていくことに参加していってください

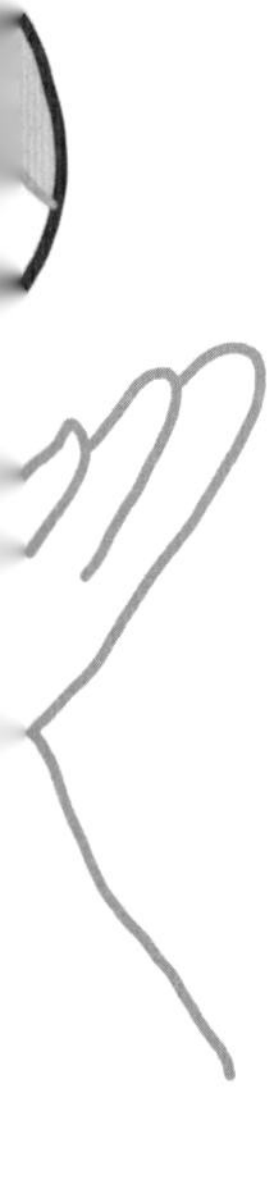

ただのサラリーマンをしていて、自分には全くクリエイティビティさもスピリチュアルの能力もないと思っていた私が、今ブログやYouTubeで気づいたことを表現するようになり、ヴォイスヒーリングやチャネリングメッセージを届けるように変わっていって「こんなところが自分にはあるんだ！　こんなことが自分ってできるんだ！」と新しい自分の可能性や輝きを発見していっています！　スピリチュアルと出会ってからできることが増えてきました！　昔の私が自分にはできないだろうと思っていたことができるようになっていっています！

セッションで出会った人でも、今まで絵を習ったことがない人が龍と繋がり、ビジョンを視るようになり、龍の絵を描いて、今では人に販売するようになった人もいます！

講座で生徒さんたちにスピリチュアルの感性の伸ばし方を教えながら、その人の得意な才能や輝きが引き出されて、悦ぶ顔や自信を深めていく表情を見ながら、私は「人は無限の可能性を持っている！　自分らしい輝きを放つことができる！」と実感しています！

私たちの正体は、〝やれる　できる〟と信じてやまない無限の可能性に満ちた魂の存在だからです。今、自分の本当の姿を思い出して〝やれない　できない〟という制限の意識を解放して、本当の自分の姿を思い出して、「私は〝やれる　できる〟」と自分の可能性に気づきや輝きを発揮していく人が増えています！

この章では、どうしたらあなたの無限の可能性を引き出し、あなたの才能を輝かすことができるか、私の体験からお伝えしていきたいと思います！

## ☆自分の素晴らしさに目を向けよう！

私たちの肉体の目は外を向いているので人のことはよく見えています。その人の素晴らしさ、輝き、こんなところが素晴らしいというものが見えます。それに対して、自分のことは見えていないので、人と比較して、自分の素晴らしさに気づかないまま、心で自分をまだまだ不十分だと否定していたりします。

だからこそ、自分の内側に意識を向けてあげること、自分のハートの声を聴いてあげることがとても大切です！　ハートの声を聴いて、自分がやりたいこと、惹かれることを感じていき、それを行動してみて自分を満たしていくとき、「私ってこんなことができるんだ！　私にこんな才能があるんだ！　こんな素晴らしいところがあるんだ！」と自分の素晴らしさに気づいていけるようになります！

### ☆好きなことをやろう！

あなたの無限の可能性を引き出す最大の方法は、好きなこと、やりたいこと、惹かれることをどんどんやっていくことです！

「そんな簡単なことでいいの？」とあなたは感じるかもしれません。好き、惹かれる、やりたい、そうした感情はあなたのハイヤーセルフがあなたの心に、「そこにあなたの本来の姿、本来のあなたの輝きがあるよ！」というサインを送ってきています！　好きなことに没頭しているとき、あなたが無意識のままハイヤーセルフと繋がっています！

なので、惹かれることに積極的にチャレンジしたり、没頭してのめり込んでいくとき、限りなくあなたの本来の可能性や才能が引き出されて、「私ってこんなことできるんだ！やってみたら意外とできてしまった！」とあなたの無限の才能や可能性にあなたは気づいていきます！

例えば、私はチャネリングができるようになり、リーディングができるようになり、ヒーリングができるようになり、宇宙語を話すようになったり、クリスタルボウルを演奏するようになったり、ヴォイスヒーリングをやるようになったり、できることがどんどん増えています！　これは自分のハートに従って、やりたいこと、惹かれることにチャレンジしていったからです！　〝やりたい　惹かれる〟というハートの声に従ったら新しい自分にどんどん出会っていきます！

### ☆小さなことから感じていこう！

よくセッションをしていると、「やりたいことがわかりません」と相談される方がいます。私も気持ちがよくわかります。私の会社員時代がそうだったからです。周りの人や外側のこうあるべきという生き方に合わせて、自分のハートの声を聴かないでいると、自分がどうしたいのか何をやりたいのか感じられなくなっていることがあります。

ただ、ハートの声を聴くことで、だんだんとやりたいことは感じられるように戻っていきます！　ほんの小さなことから、ハートの声を感じてみることを始めてみてください！

例えば、「今日のランチは何食べたいかな？　空いた時間ができたら、今何がやりたいかな？」と小さなことから感じてみてください！

過去の人生の中で「こんなことをやっていた自分は自分らしい」と感じる自分を思い出してみてください！　例えば、バックパッカーで旅行していた自分は自分らしい、バンドで楽器を演奏していた自分は自分らしい。それを久しぶりにやってみたり、ただ思い出すだけでもテンションが上がり、自分らしいエネルギーが戻ってきて、波動が上がるので心がオープンになって惹かれることが感じやすくなります！

惹かれるキーワードや言葉を感じてみてください！　例えば、私はなぜか、「愛」「自分を表現する」「神様」「宇宙」という言葉に惹かれます！　惹かれるキーワードや言葉を感じると同じようにテンションが上がって、自分らしいエネルギーが戻ってきて、波動が上がり心がオープンになって惹かれることが感じやすくなります！

まずは小さな惹かれることを感じることで、次のやりたいことが感じられるようになっていきます！　そうした小さなやりたいことを感じていくことで、だんだんと「私はこれがやりたいんだ！」という大きなやりたいことを感じられるようになっていきます！

## ☆小さな一歩を踏み出そう！

例えば、「絵を描くことに惹かれる、やってみたい」と感じる。でも「今から始めてものになるだろうか？　自分に才能があるのだろうか？　うまくできるだろうか？」といろんな声が働きます。これがエゴの声です。エゴは、先の先まで勝手に想像して「だからやめておいた方がいい」と惹かれる心を打ち消しにかかりやることを躊躇します。ただ、その惹かれる声は、あなたのハイヤーセルフから「そっちに進んでごらん！　本当のあなたがいるよ！」とやってきています！

その声に従って、ほんの小さな一歩を踏み出してみてください！　例えば、絵を描くことに惹かれたのであれば、絵を描くアプリを降ろしてみる、絵を描く画材を買いに行ってみる、ホームページで絵の教室を調べてみるとか、今簡単にできるたった小さな一歩でいいのです！その小さな一歩を踏み出してみることで、次の一歩が見えてきて、気づいたときに始めていて「私って意外とできるじゃん！」と感じることができる日がやってきます！

## ☆子供時代を思い出してみよう！

最初は、「自分の才能って何だろう？」と感じるかもしれません。

自分の才能を知るヒントとして、「子供時代によく何をやっていたかな？」と感じるとヒントになることがあります！　子供のときは、まだ魂の自分からやってきたばかりなので、ハートに従って魂のエネルギーで生きていることが多く、子供時代に惹かれていたことは、あなたの魂が惹かれていること、本当のあなたを示していることがよくあります。

小さな子供だった頃、「何に惹かれていたかな？　何が好きだったかな？　何をよくやっていたかな？」と思い出してみてください！　自分の才能ややりたいことのヒントになります！

例えば、私はよく物語を空想して創っていることがありました。そして工作やおもちゃで創り出すことに悦びを感じていました。今ブログやYouTubeで話をすること、記事や動画を作り出すことがとても楽しくて、子供のときの自分に戻ったかのように悦びを感じています！

## ☆うまくいっていることにフォーカスしよう！

仕事、お金、パートナーシップ、人間関係、家族関係、趣味、あなたが大切にしたいと感じているものの中で、仕事での人間関係がうまくいっていないとか、家族関係がうまくいっていないとか、他のことがすべてうまくいっていたとしても、うまくいっていないこと、一つに焦点を当てて、人生全体がうまくいっていない。私はダメだと否定してしまいがちです。

そんなときはうまくいっていないことではなく、うまくいっていることに焦点を当ててみてください！　そうすると「こんなことをやっている私は好き！　私はこんなエネルギーなんだ！　私はこんなことが得意なんだ！　私はこんなやり方をしているからうまくいっている！」と自分のエネルギー、自分らしさ、自分の得意なこと、得意なやり方に気づけます！

そうするとうまくいっていないことでは、「こうやらなければいけない」という常識や制約に自分を当てはめて自分らしくないことをやっていたり、「こういうやり方をしているから、うまくいっていないんだ！」と気づくことができて、突破口やヒントになります！

例えば、私の場合、ブログや YouTube は自分のインスピレーションがやってきて、それをもとに話しているのでとても心地よく生み出すことができていました。

ただ、仕事になった途端、こうしなければいけない、こういう手順を踏まないといけないと思考をよく使っていて、うまくいっていないこともありました。「こうでないといけない」思い込みを手放して、表現と同じように得意なインスピレーションを活用するようになってうまくいき始めることがありました！

ぜひ、あなたがうまくいっていること、得意なことから、あなたらしさ、あなたの好きなところ、あなたの得意なこと、得意なやり方を見出してあなたらしく輝いていってください！

## ☆今の自分が最善で最高！

「もっと私はできるはず！　もっと私には可能性があるはず！」とあなたは感じるかもしれません。それは非物質世界にいたときの何でもすぐに実現できてしまう自分の姿を深いところで知っていて私はもっとできると感じているからです。

ただ「早く結果を出そう、早く現実化しよう」と焦らないでください。早く結果を出そうと焦っていくと、意識が将来にいってしまい、今の目の前にあることが疎かになったり、結果への執着が生まれたりして実現が逆に遅くなります。

私たちはいつまでも過去の出来事にとらわれ将来のことを心配し、今がおざなりになっていることがあります。意識が過去や将来に向くとき、自分の中からエネルギーが流れ出ていき、今に注げるエネルギーがどんどん減っていきます。過去は過ぎ去ったものです。未来はまだここにはありません。人生は今という瞬間の連なりです！

今の自分に集中していってください！　今の自分の可能性を信頼していってください！今できること、今惹かれること、今やりたいと思っていることに没頭していってください！　今心に感じていることを、ただ今の自分の最善の力、自分の今ある最大の力で取り組み、あなたが今できることをやっていってください！　今に集中するとき、あなたが持っているすべてのエネルギーを注ぐことができ、最高のパフォーマンスを発揮できます！

今に没頭していくときあなたは、自分の魂と繋がっていき、本来のあなたが持つ力や可能性を引き出していって、気づいたとき、あなたは「いつの間にかこんなことができるようになっている！」とあなたの力や可能性、新しいあなたを発見していきます！　今の自分の最善を尽くすこと、ただそれだけに集中するだけで、あなたが持つ無限の可能性を引き出すことができます！

## ☆愛と信じる心を使ってあなたの可能性を引き出していこう！

源は、どんなときでも、どんなことをしてしまったとしても、私たちを愛している無条件の愛で満ちていて、私たちを信頼の目で見ていて、創造の力で満ちています。源から生まれた私たちもまた、心で惹かれること、なりたい自分を現実創造していく力を持っています。

なりたい自分になっていくことを妨げるのは、「私にはやれない、できない。私には難しい、私には無理なんじゃないか」という自分に対する疑いの心です。自分の中に疑いの心があるとき、私たちの創造の力が働いて、できない自分を映し出していきます。

まずは、そうした自分に対する疑いがあったら手放していってください。

そして、ただ惹かれることとやりたいことに、ほんの一歩でもいいので、踏み出していってください！

なりたい自分になろうとするとき、惹かれることに取り組むとき、私たちはそのことを長くやっている人や活躍している人を目線にして、ハードルを思いっきり高く掲げて、それを飛べない自分を勝手に「自分には才能がないのではないか？　私にはできないかも」

と自分を否定してしまいがちです。ハードルを0メートルの地面まで下げて、人と比較することなく、ただ飛んでいってください！

「こんな絵が描けた！　こんな作品が作れた！　こんな音楽が作れた！　奏でられた！　すごい！　私はできる！」と自分ができること、やれることを一つ一つ褒めて伸ばしていってあげてください！　そうやって、自分を褒めて認めてあげることで、

「私はこんなことができるんだ！　こんな才能を持っているんだ！　私にこんな面があるんだ！　私はこんなことが人に与えられるんだ！」と新たな自分を発見しながら、

「私はできる！　私はやれる！　私はなりたい自分になっていける！」と自分を信じる心が高まっていきます！

あなたが気づいたできること、やれるようになったこと、あなたの素晴らしさを、自信のノートという形で書いていくこともお薦めです！　ノートにたくさん書き留めていくことで、自分を信じる心が高まってきます！

私たちが生まれた源が、私たちをどんなときも愛し認めてくれ、どんなときも信頼の目で見てくれるように、あなたが自分のことを愛し認めていき、自分のことを信頼し輝かせていくとき、どこまでもあなたは無限の可能性を引き出して、輝きを放っていきます！

やれること、できることもどんどん増えていきます！　あなたの愛する力と　信じる力を使っていって、新しい自分を発見しながら、自分の変化を楽しんでいってください！

### ☆ワーク～信じる力を高めよう！

76ページで紹介した浄化のワークを使って、自分の思い込みや信念を書き換えて信じる力を高めることもできます！

1. 「自分のことを〝やれない　できない〟、信じられない」と思い込んでいる疑いのエネルギーを鉄の塊としてイメージしてください。
2. 自分の手が磁石になったように、その鉄の塊をハートから取り出して身体の前に出してください。
3. 鉄の塊の重さを感じて、目の前に紫の浄化の炎があることをイメージして、鉄の塊を燃やしていって宇宙に昇っていくイメージをしてください。
3. 宇宙で浄化をされて光の粒になって戻ってくるとイメージをして、光の粒を手の平を差し出して、光の粒が集まって、光の球になるのをイメージしてください。
4. 光の球をハートに戻していってください。その光の球には、「自分はやれる　できる」

という新しい信念が詰まった球であるとイメージをして、自分のハートに取り入れてください！

例えば、
私にはスピリチュアルの感性がない ↓ 私はスピリチュアルの感性を持っている
私は価値がない↓私は素晴らしい
私は愛されていない ↓ 私は愛されている
私は不十分 ↓ 今の私が最善
など自分が信じたい信念が光の球に入っていると感じてハートに取り入れてください！
しっかりと疑いの心を手放し、それが浄化され本来の信じてやまない心に満ちていくエネルギーの変化を感じて、新しい信念が自分の中で定着していくのを感じてみてください！

### ☆自分らしいエネルギーを発していこう！

私たちは知らず知らずにエネルギーを発しています。

あなたがあなたらしくあればあるほど、このエネルギーはあなた独自のパワフルなエネルギーを発していきます！　逆に本来のあなたからずれていくとき、自分と一致していない弱い不協和音のエネルギーを放っています。

私たちはよく、スキルや知識を高めること、人より秀でるかどうかを重視します。活躍

している人を見ると、あの人はあの大学を出たからとか、スキルがすごいから活躍しているというふうにスキルや能力で捉えがちです。

人より秀でるかどうかというスキルや特技よりも大切なのは、「あなたが何に愛を込めたいか、愛を注ぎたいか」というあなたの愛や情熱です。あなたの愛や情熱を大切にしていくとき、あなたらしさが引き出され、あなたのオリジナリティーが溢れ出てきて、あなたらしいエネルギーを放っていきます！

例えば、ピアノを習い始めて間もない人が自分らしく楽しいエネルギーを発して、YouTubeでストリートピアノ演奏して発信していくとき、音大を出てものすごいスキルを積んだ人よりもその楽しく自分らしいエネルギーを放っている人に惹かれて、この人に習ってみたいと感じることがあります。人は、その人が発するエネルギーに惹かれるからです。

なので、人より秀でるかどうかではなく、何に愛を注ぎたいかで選んでいってください！自分らしくあること、愛を注ぎたいことを楽しんでいって、自分らしいエネルギーを発していってください！　楽しんでいったときに自然とスキルは後からついていきて、あなたのエネルギーと楽しく伸ばしたスキルが掛け合わさって、あなたのオリジナルのものが生まれ、あなたのエネルギーに共鳴して惹かれる人たちがたくさんやってくるようになります！

## ☆あなたは芸術家！

芸術家と聴くと、音楽を作る、絵を描く、小説を書くとか、何か芸術的な活動を行っている人だと捉えて、そうした活動をしていないと「私は芸術家ではない」と捉えるかもしれません。私も昔は自分に創造性の欠片もなく、自分のことを普通の人だと思っていました。

ただ、私は「すべての人が創造性溢れる芸術家である」と思っています。

自分らしくあって、自分らしく生きて、自分らしいことをやって、正直に心にあるものを言葉にして、自分を生きること自体、立派な自分の表現で、すべての人は自分の人生を自分で創造しているからです。

あなたには、これまで体験したこと、興味があること、できること、やれること、感じていること、生きている中で気づいたこと、心で正直に思っていること、やりたいこと、表現したいこと、あなた独自のたくさんのものを持っています。ただそれをあなたが表現したい形で表現するだけで立派なあなたのオリジナルの表現になるからです。

スピリチュアルの視点で捉えると、私たちは、この宇宙を創造した創造主から生まれていて、その創造の力を宿しています。ハイヤーセルフや繋がりのある高次の存在たちから降り注ぐ見えないエネルギーを感じながら、そのエネルギーを自分の得意な形で表現することができるからです！　言葉で表現するのが得意な人、絵に表すのが得意な人、音楽で表すのが得意な人。数式のような形で表すのが得意な人、あなたが得意な形で受け取ったエネルギーを表現できます！　それを受け取った人は、あなたの表現に惹かれ、自分も自分を表現したいと感じて、自分らしさの波紋が広がっていきます！　何か作らなければいけない、SNSで発信しなければいけないというものではなく、ただ周りの大切な人や友達に「こんなものを見て私はこうに感じた。私はこれが大切と思う、これが素敵だと感じた」と伝えるだけで立派な表現です！

あなたが人とスキルの面などで、比較をしてあなたが生み出すものを否定していくとき、あなたの感性を自分で閉ざしてしまいます。あなたは、知らず知らずのうちに、たくさんのエネルギーを受け取っていて、ハイヤーセルフやガイドたちから、あなただけのアイデアやインスピレーションを受け取っています。ただただ、あなたが生み出したいものを、あなたが表現したい形で表現していくだけで、あなたらしさが溢れていきます！　だんだんと表現することに悦びを感じられるようになります！

## ☆自分の可能性を広く捉えよう！

私たちはよく、「こう生きなければいけない、こんなストーリーでないと私は幸せになれない」と自分の人生の道筋について思い込みや決めつけを持っています。

自分の人生や幸せの形をこうだと決めつけるとき、自分の可能性や道を狭めてしまい、ハイヤーセルフが未来を導くためにもたらす人との縁やチャンス、誘いなどでやってくるシンクロニシティを「私が想定していたストーリーとは違う」と受け取れないことがあります。

「自分にはたくさんの可能性があるんだ！　幸せに至るたくさんのルートがあるんだ！」と自分の可能性やポテンシャルをオープンに捉えて、ハイヤーセルフたちがもたらすものに少し委ねる気持ちを持って、ハイヤーセルフからの奇跡を心をオープンに受け取っていくことで人生が開けていきます！

シンクロニシティを受け取っていくことで、「こんな人生になるなんて思っていなかった！　こんな自分になれるなんてと思っていなかった！」という奇跡のような人生を歩むようになって、ガラリと自分の人生が変わっていく体験をしていきます！

## ☆今地球で起きている次元上昇のフェスティバル！

今、地球は、三次元から五次元にシフトしようとしています。

私たちが、ただの肉体の存在ではなく、魂を持っているように、地球もただの土の塊ではなく、レディガイアと呼ばれる愛に満ちた女性性の魂を持っています。レディガイアは、次元上昇をしていくと決めて、愛に溢れた新しい地球になろうとしています。簡単にいうと、地球は、日々そのエネルギーを上げようとしていっています。三次元から五次元へ一気にシフトすることは、小学校から高校に飛び級するような宇宙でも珍しいシフトです。

私が、急にスピリチュアルに目醒め始めたように、知らず知らずにエネルギーの高まりを感じて、こうしたスピリチュアルや精神世界に興味を持つ人が増えているのもこの地球がエネルギーを上げていく影響によるものです！　そして、この地球のエネルギーの高まりで、スピリチュアルの感性を思い出す人も増えています！

地球のエネルギーの上昇は、私たちの内側のエネルギーの変容を容易にしてくれます！例えば、昔は何十年もかけて修行して内側を変化させてきたことが、この地球のエネルギーの上昇のサポートも受けて一年で大きく自分を変化できたりします！

これまで地球上で何世紀にもわたり、私たちは〝やれない　できない〟自分を体験したり、支配される体験をしたりして眠り続けていました。今、〝やれない　できない〟という意識を手放して、自分が何でもできる無限の可能性を持った意識に反転しようとしています！　宇宙のように雄大な本来の自分の姿を思い出すときを迎えています！　肉体を持ったまま、本来の自分の無限の可能性を使うことができるときを迎えています！　すべて自分が創り出している自分の創造力に気づき、「私はもっと可能性に満ちていて輝く自分を見ることができる！」と自分の本来の力に目醒めようとしています！　こうした本来の自分の素晴らしさや輝きに気づき、自分の可能性を表していくことができるフェスティバルのようなときを今私たちは迎えています！

### ☆自分という神様を思い出していこう！

神社にある鏡は、〝かがみ〟から〝が〟を抜く。つまり、自分を制限したり、否定する自我やエゴを取り除いていったとき、〝かみ〟となり、自分が神であることを思い出させてくれるものです。

私たちの内側にも、神としての性質、神性が宿っていて、今その神性を思い出して発揮するときを迎えています！

　こうしたスピリチュアルに興味を持ち、自分の内側を探求していくことは、もともと雄大で神のような存在である私たちが、これまで地球でやれないできない無価値感や制限を感じたり、戦争など対抗や支配を繰り返してきて、もう十分に体験をしてきました。これからはもとの雄大なる神の自分を思い出そうとしているとも言えます！

　これまで、私たちは、支配する支配されるというピラミッドのような制限に満ちた社会の中で自分のポジションを気にするような生き方をしてきましたが、どんどんと意識が自由になっていて、この制限から抜け出そうとする意識が増えています！　これからは、たくさんの神さまが、手を繋いで輪になって自由に自分という神を表していくときがやってきています！

　この制限から自分を解放していくとき、私たちは、自由に神としての性質を発揮し始め、存分に神としての力や可能性を発揮し、溢れんばかりの神としての愛を与えていき、神としての自分を表し、あなたの光を輝かせ、あなたの光で周りの人たちをもあまねく照らしていくことができます！

## ☆見えない存在と共同創造していこう！

神々と共同創造と聴くと、何か畏れ多いことのように感じて自分とは無縁のことのように感じるかもしれません。ただ、今、地球の次元上昇を迎えるにあたり神々の世界と人の世界が連動して、愛や調和に満ちた新しい地球に向かっていくことが大切になってきています。チャネリングしていると、神々たちは、しきりに共同創造の大切さを伝えてきます。

あなたは、そんな神の声を聴くすべを持っていないと感じるかもしれませんが、神々は、直感やインスピレーション、やりたいと沸き上がる気持ち、あなたが目にするもの、耳にするもの、人との会話。そうしたあなたが受け取れる形を通して大切なことを伝えてきます。あなたは、無意識に知らず知らずに神からの閃きを受け取っています！

そうした閃きを受け取ったら、スルーしないで行動に移してみてください！　行動に移さなければ、それはあなたの中だけの素晴らしい妄想で終わってしまいます。行動に移していったとき、この世界に神々の思いとあなたのやりたい情熱や愛がかけ合わさって共同創造を起こすことができます。

あなたは、そうした共同創造と聴くと、何か社会に奉仕しなければいけないと感じるかもしれませんが、神々は私たちがやっていること、特質、何が魂の悦びを感じるかよく見ていて、私たちがやりたいことに応じて閃きを降ろしてくれます。なので、共同創造は、あなたが悦びやワクワクに満ちたことなのです！

## ☆愛と調和に満ちた新しい地球を創造していこう！

地球は一万三千年ごとに眠りと目覚めのサイクルを繰り返していて、ちょうど一万三千年前にレムリアの大陸が沈み、地球は眠りのサイクルに入っていきました。そして今、眠りのサイクルを抜けて、目醒めのサイクルに入っています！

今、スピリチュアルに急に目醒め、関心を持つ人は、この地球のアセンションを体験したい、地球の次元上昇に貢献したい、新しい愛と光に溢れた地球を造っていくことに貢献したいと魂の道として決めて、わざとこのタイミングを自分で決めてやってきています！

今大切なのは、あなたのハートの声を聴いて、自分が内側で感じ取った閃き、これをやりたいという情熱、こんな風に表現したいというあなたの想いをこの地球上で思いっきり表していくことです！　あなたのハートに従って行動していくとき、あなたの可能性、あなたらしさ、あなたの愛がこの地球に創造され、あなたが愛に溢れた新しい地球を創っていくことに参加していっているのです！

ただ、インスピレーションを形にしてみる、周りの大切な友達に伝えていく。そうしたあなたのたった小さな一歩が愛に満ちた地球を造っていくことに繋がり、あなたの意識の変化が人の集合意識に伝わっていって、あなたの小さな一歩が大きな地球の変化に繋がっていきます！


これまでは、一部の指導者に従って生きていく、そうした流れでしたが、これからは、一人ひとりが自分が本来持つ無限の可能性と輝きに気づいていって、自分のやりたいことを通して、愛と光に溢れた新しい地球を造っていくそんな時代になりつつあると私は感じています！

私たちは、苦しみや我慢をするために地球にやってきたのではありません。地球に愛と光をもたらそうとワクワクして、この次元上昇を体験しにやってきています！ あなたの光を高らかに輝かせていってください！ それが地球へのギフトになっていきます！

# おわりに

最後まで読んでくださりありがとうございます！

私たちは、誰もが宇宙のように雄大な魂の存在で愛のギフトと無限の可能性を持っています！　私たちは愛と光そのものです！

魂と繋がっているあなたのハートの声を聴いていって、あなたが愛を注ぎたいものに愛を注いでいくとき、魂の雄大な力を使うようになり、だんだんとあなたは導かれるように未来が開かれていき、「こんな人生になるとは思っていなかった」と感じる奇跡のような体験をしてあなたの輝きを目の当たりにしていきます！


人と比較をして自分がちっぽけに感じて、自分のことを否定していた自分から、自分が愛に満ちた存在で、ありのままの自分で与えられるギフトをたくさん持っていることに気づいていき、自分を愛していって、その溢れる愛で人にどんどん愛を与えていきます！

望んだことを現実化する力が自分にあると気づき、どんどん願いを叶えていき、なりたい自分になっていきます！

スピリチュアルの感性を自分がナチュラルに持っていることに気づき、楽しく、自分独自の感性を開かせていきます！

恐れや不安を感じるよりも、悦びや楽しさで人生が満ちていきます！

「私ってこんなことができるんだ！　こんなことがやれるんだ！」

と新しい自分の輝きを発見していって、

「私はもっと変わっていける！」

と自分に対する信頼を深め、未来の自分にワクワクすることができます！


ぜひ、自分の中にある愛の力を使って、あなたが持っている無限の可能性を最大限引き出して、あなたらしい輝きを放っていってください！　自分の人生を見ていくことが最高に楽しいことであることを体感していってください！

## KENICHI（ケンイチ）

**スピリチュアルカウンセラー・愛のメッセンジャー**

会社員時代にうつ病になったことをきっかけに、心の力を取り戻そうと読んだ本でスピリチュアルと出会い、自分のハートの声を聴いて魂と繋がることでスピリチュアルの感性を取り戻す。 神々や高次の存在からチャネリングで受け取った愛のメッセージや気づき、エネルギーワークのやり方を、YouTube やブログを通して伝えている。また、講座やセッション、瞑想会、ワークショップ、リトリートなどを開催する。ハートを通して自分の魂と繋がることで、スピリチュアルの感性を取り戻すことができること、誰もが雄大な魂の存在であり、人に届ける愛のギフトを持っていて、無限の可能性を発揮して自分らしく輝いて生きることができることを伝えている。

ブログ : スピリチュアルカウンセラー　KENICHI のブログ
https://ameblo.jp/enchard/
YouTube: KENICHI のスピリチュアルチャンネル
https://youtube.com/@kenichi4434
Instagram: @kenichi88888

# ハートの声《こえ》を聴《き》いてみて

愛《あい》と輝《かがや》きを取《と》り戻《もど》すスピリチュアルの教科書《きょうかしょ》

2024年1月11日　初版第1刷

著　者　KENICHI
発行人　松崎義行
発　行　みらいパブリッシング
〒166-0003 東京都杉並区高円寺南4-26-12 福丸ビル6F
TEL 03-5913-8611　FAX 03-5913-8011
https://miraipub.jp　MAIL info@miraipub.jp
企　画　田中英子
編　集　塚原久美
イラスト　KENICHI
ブックデザイン　洪十六
発　売　星雲社（共同出版社・流通責任出版社）
〒112-0005 東京都文京区水道1-3-30
TEL 03-3868-3275　FAX 03-3868-6588
印刷・製本　株式会社上野印刷所


ISBN978-4-434-33282-1 C0011